Paola

Papa

Mama

Jonas

Tino

Opa

Polli

Jo-Jo

Fibel

Ein Leselehrgang von

Nicole Namour

Illustriert von

Thorsten Saleina
Sharmila Banerjee

Fachliche Beratung
zur Silbenstrategie

Günter J. Renk

Cornelsen

A a	E e	I i	O o	U u

Ä ä
Ö ö
Ü ü

Tür

ie

Wiese

T t	D d
N n	M m
L l	R r
Ananas S s	Z z
B b	P p
F f	W w
K k	G g
H h	J j

Ei ei
Au au
Äu äu

Mäuse

Eu eu

Ch ch

Buch   Milch

Sch sch

Jo-Jo

Fibel

Das kann ich schon

mit SILBEN-Strategie

Name:

Klasse:

Cornelsen

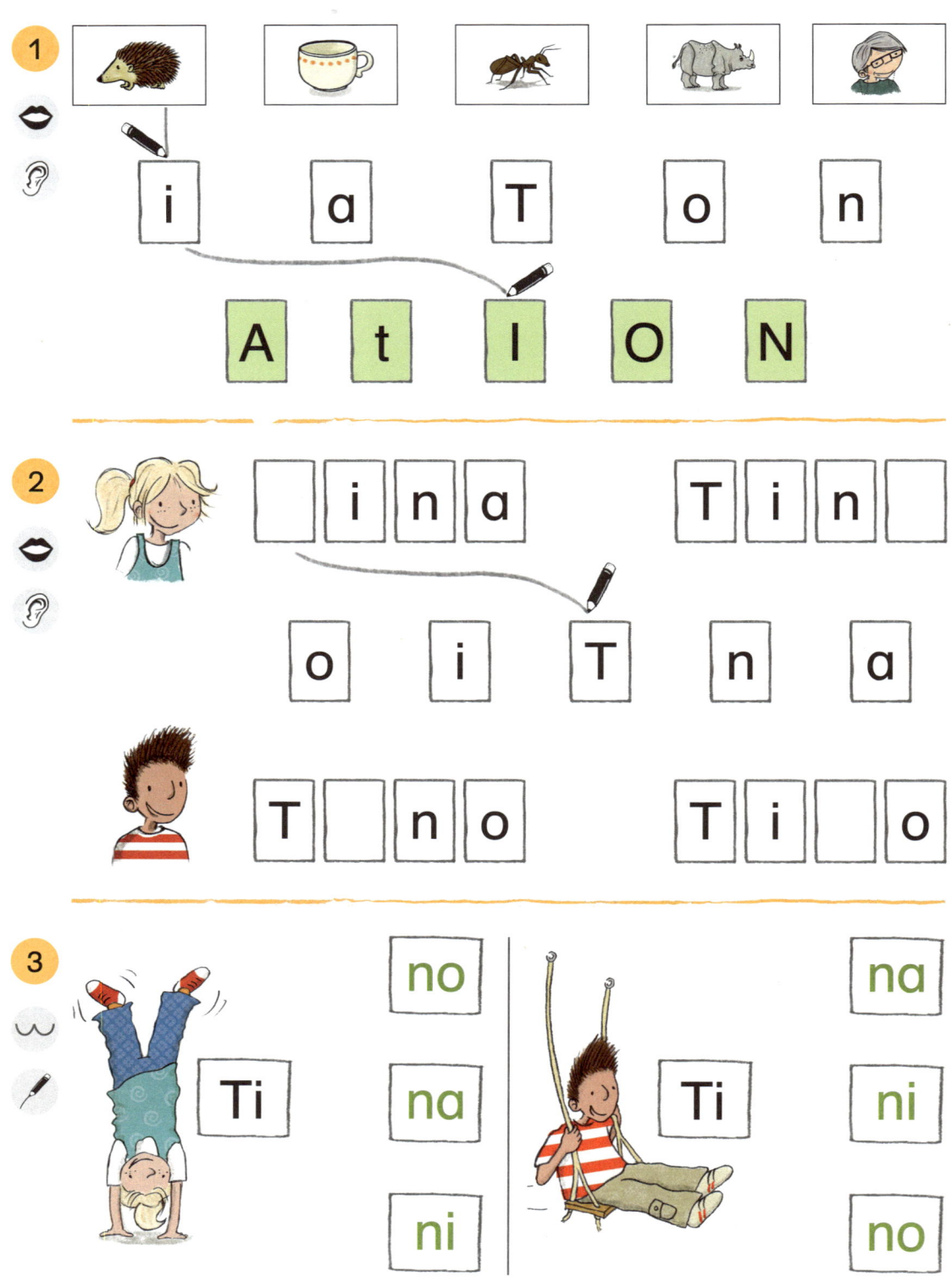

1

i   a   T   o   n

A t I O N

2

ina   Tin

oi T na

T no   Ti o

3

Ti   no   na   ni

Ti   na   ni   no

1. Verbinden der Anlautbilder mit passenden Buchstaben auf den weißen Zetteln;
Zuordnung von Groß- und Kleinbuchstaben durch Verbinden der weißen mit den grauen Zetteln.
2. Bestimmen der Namen zu den Bildern; Erlesen der Lückenwörter;
Vervollständigen der Lückenwörter durch Verbinden mit den richtigen Auswahlbuchstaben.
3. Namen sprechschwingen; Verbinden der zusammengehörigen Silben passend zur jeweiligen Abbildung

1

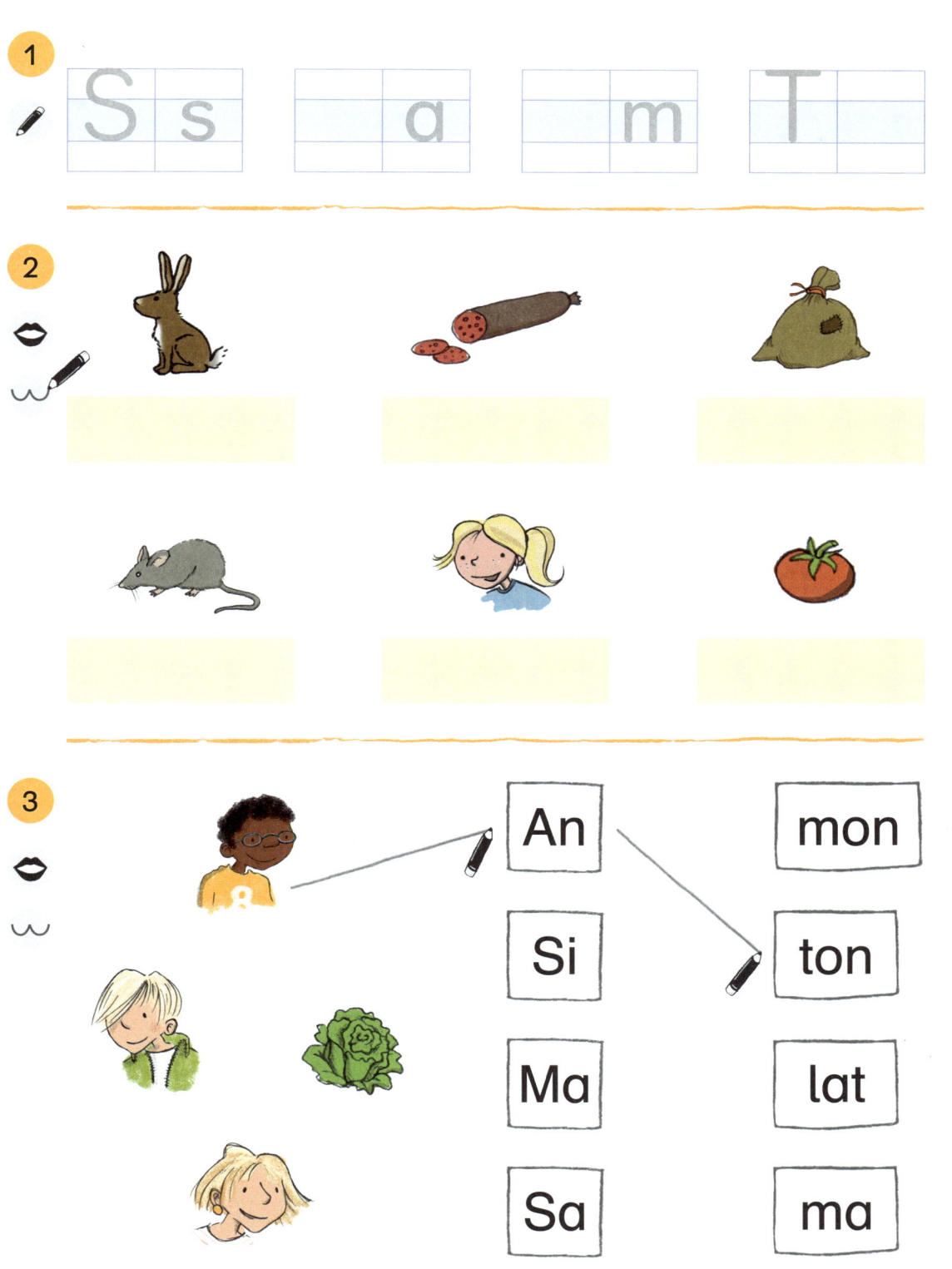

1

S s ___   ___ a   ___ m   T ___

2

3

An ——→ mon
Si   ton
Ma   lat
Sa   ma

1. Buchstaben nachspuren und jeweils passenden Groß- oder Kleinbuchstaben daneben schreiben
2. Begriffe sprechschwingen und Silbenbögen darunter setzen
3. Namen/Begriff sprechschwingen; Verbinden der zusammengehörigen Silben passend zur jeweiligen Abbildung

2

1

| T | | | | |

2

| E e | | | |

| P p | | | |

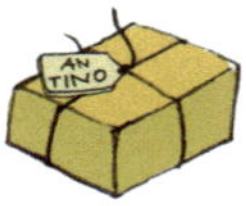

3

○ Opa will etwas lesen.

○ Polli ist am Sessel.

4

| | sel | | nen | | tel | | se |

 E

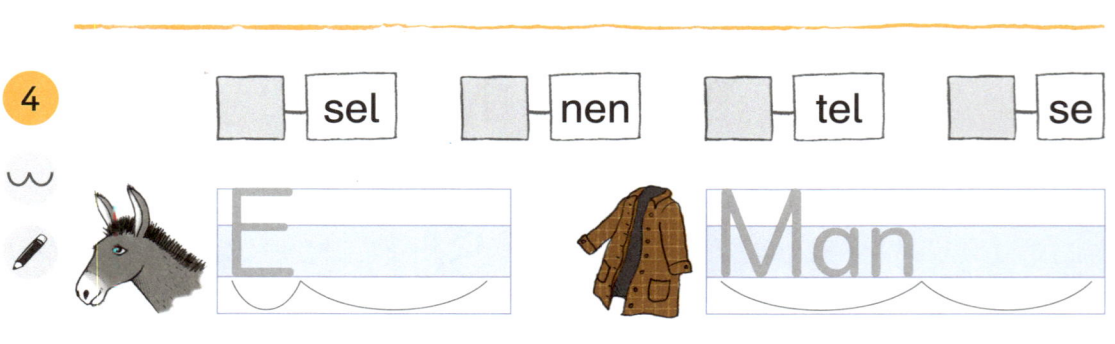 Man

1. abgebildete Begriffe nach ihrem Anlaut abhören und passenden Buchstaben darunter schreiben
2. jeweils ankreuzen, ob der E/e-Laut bzw. der P/p-Laut am Wortanfang, im Wortinnern oder am Ende zu hören ist
3. sinnerfassendes Lesen: Sätze erlesen und zum Bild passenden Satz ankreuzen
4. Endsilben erlesen; abgebildete Begriffe sprechschwingen; Anfangssilbe nachspuren, passende Schlusssilbe ergänzen

3

1 Was soll den Hus**ten** hei**len**?

- ⭘ **war**mer Tee
- ⭘ ein ro**ter** Ha**se**
- ⭘ ei**ne** fet**te** Wurst
- ⭘ Hus**ten**saft
- ⭘ Lie**der** sum**men**
- ⭘ ein Fern**se**her

---

2 **Reime**

Tino

Name

Dose

Riese

3

m a a M

H e a s

e Ei m r

a l N d e

e d F r e

t e f H

---

1. sinnerfassendes Lesen: Frage und Auswahlantworten erlesen; passende Antworten ankreuzen
2. Wörter erlesen; abgebildete Reimwörter benennen, sprechschwingen und darunter schreiben
3. Begriffe sprechschwingen, Einzellaute analysieren und Wörter schreiben;
benutzte Buchstaben nach und nach aus der Auswahl streichen

4

1

ü r T

K e n r d i n

F l ö e t

2

Pa _ et

T _ te

L _ we

Bu _

3

◯ Ich kann anderen Kindern helfen.

◯ Ich kann fünf bunte Autos kauen.

◯ Ich kann Zitronen und Kuchen riechen.

4 **Welches Wort passt?**

Brot   Papier   Rosinen

Aus _____ kann ich einen Hut falten.

Tinas Bruder isst Wurst auf dem _____ .

_____ passen prima zum Müsli.

1. Begriffe sprechschwingen, Einzellaute analysieren und Wörter schreiben;
benutzte Buchstaben nach und nach aus der Auswahl streichen
2. Begriffe sprechschwingen, Lückenwörter erlesen und fehlenden Laut abhören; Wörter mit passendem Buchstaben ergänzen
3. sinnerfassendes Lesen: Sätze erlesen und richtige Sätze ankreuzen
4. sinnerfassendes Lesen: Auswahlwörter sprechschwingen und Sätze erlesen; Lückensätze vervollständigen

5

1

l
g e
l

e
e r
Sch

H
e
ä n
d

2 Welche Wörter passen zu den Bildern?

tie – ge – ge – zei – – ben – gen – hen – gen

tie

3 Die Kuh hat braune Ohren.

Sie frisst grünes Gras.

Neben Ina blüht
Löwenzahn.

Male ein Jo-Jo
an ihre Hand.

1. Begriffe sprechschwingen, Einzellaute analysieren und Wörter schreiben;
benutzte Buchstaben nach und nach aus der Auswahl streichen
2. Bilder betrachten, passende Verben aus den Einzelsilben bauen, sprechschwingen, aufschreiben und Silbenbögen setzen
3. sinnerfassendes Lesen: Sätze erlesen und Abbildung entsprechend den Satzaussagen ergänzen

6

1 Welches Reimwort passt? Schreibe:

Kopf   backen   Kanne

T   p   Pf

2 der oder die oder das?

| Fuchs   Satz   Spiel   Kiste |

der F   die

der   das

3 Welches Wort passt?

| strei – | stol – | spie – | | – pert | – chen | – len |

Tino stol über einen Stein.

Tinas Vater kann gut Klavier .

Maler oft viele Wände.

1. Wörter erlesen, Reimwörter mit vorgegebenen Anfangsbuchstaben suchen und darunter schreiben
2. Begriffe erlesen, jeweils passenden Artikel suchen; Artikel nachspuren und Begriff daneben schreiben
3. sinnerfassendes Lesen: Sätze erlesen; passende Verben aus den Einzelsilben bauen, sprechschwingen und Lückensätze damit vervollständigen; Silbenbögen setzen

7

1 Lies zuerst den Text. Beantworte dann die Fragen:

Alle sind in der Bücherei.

Leon nimmt eine CD aus dem Regal.

Er sagt zu Paola: „Das ist ein Hörbuch."

Die Kinder sitzen bequem auf dem Sofa.

Es gibt dort sogar einen CD-Spieler.

Damit hört Paola sich das Hörbuch an.

Paola findet das toll.

Denn sie kann ja noch nicht lesen.

Woraus nimmt Leon eine CD?

Worauf sitzen die Kinder?

2 Kreuze ein Bild an. Schreibe dann einen Satz dazu.

1. sinnerfassendes Lesen: Text erlesen; erste Frage erlesen; Text erneut lesen;
Antwort im Text suchen und schriftlich formulieren (gleiches Verfahren mit der zweiten Frage)
2. aus den vorgegebenen kleinen Szenen eine auswählen, ankreuzen und einen Satz dazu frei schreiben

8

Lernerhebungsbogen zu den Lernstandsseiten 1 – 4

++	+	0	−	−−

LS 1   nach Arbeitsheft, Seite 6:   Tina – Tino

1a.   Anlaut heraushören; passenden Buchstaben (groß/klein) zuordnen

1b.   Zuordnung von Klein- und Großbuchstaben

2.   Abhören/Ergänzen von Lückenwörtern (mit Auswahlbuchstaben)

3.   Silben lesen und passend zur Abbildung miteinander verbinden

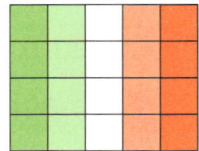

Zusätzlicher Förderbedarf: _____

_____

_____

LS 2   nach Arbeitsheft, Seite 24:   S/s

1.   Schreiben/Zuordnen erlernter Groß- und Kleinbuchstaben

2.   Silbenschwingen; Silbenbögen in passender Anzahl setzen

3.   Sinnerfassendes Lesen: Abb. mit passenden Silben verbinden (Namen)

Zusätzlicher Förderbedarf: _____

_____

_____

LS 3   nach Arbeitsheft, Seite 32:   W/w

1.   Anlaute heraushören, passenden Buchstaben schreiben

2.   E/e- und P/p-Laut: Lautstellung heraushören und markieren

3.   Sinnerfassendes Lesen von kurzen Sätzen (Bildzuordnung)

4.   Zuordnen/Schreiben von passenden Endsilben (aus Silbenauswahl)

Zusätzlicher Förderbedarf: _____

_____

_____

LS 4   nach Arbeitsheft, Seite 48:   ie

1.   Sinnerfassendes Lesen: Frage; Auswahlantworten zum Ankreuzen

2.   Wörter erlesen; Reimwörter darunter nach Bildvorgabe schreiben

3.   Vollständige Analyse-Synthese: Aufschreiben von Wörtern mit Vorgabe
      von Abbildungen und Würfelbuchstaben

Zusätzlicher Förderbedarf: _____

_____

_____

++	+	0	–	– –

LS 5 nach Arbeitsheft, Seite 63:   Ü/ü

1. Vollständige Analyse-Synthese: Aufschreiben von Wörtern mit Vorgabe von Abbildungen und Würfelbuchstaben
2. Lautanalyse: Abhören und Ergänzen von Lückenwörtern
3. Sinnerfassendes Lesen: reale Aussagen ankreuzen
4. Sinnerfassendes Lesen: Lückentext mit Auswahlwörtern vervollständigen

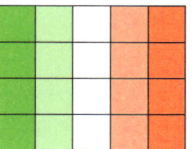

Zusätzlicher Förderbedarf: _____

_____

_____

LS 6 nach Arbeitsheft, Seite 73:   J/j

1. Vollständige Analyse-Synthese: Aufschreiben von Wörtern mit Vorgabe von Abbildungen und Würfelbuchstaben
2. abgeb. Verben aus vorgegebenen Silben schreiben; Silbenbögen setzen
3. Sinnerfassendes Lesen: Abb. nach Textaussagen ergänzen

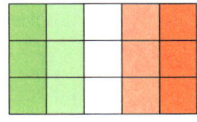

Zusätzlicher Förderbedarf: _____

_____

_____

LS 7 nach Arbeitsheft, Seite 84:   V/v

1. Reimwörter mit Konsonantenhäufung schreiben (Anlautvorgabe)
2. Lesen und Abschreiben schwieriger Wörter inkl. Artikelzuordnung
3. Sinnerfassendes Lesen und Schreiben: Verben aus Silbenauswahl bilden und in passenden Satz einschreiben; Silbenbögen setzen

Zusätzlicher Förderbedarf: _____

_____

_____

LS 8 nach Arbeitsheft, Seite 95:   X/x *(Abschluss)*

1. Sinnerfassendes Lesen/Textrezeption: Erlesen eines umfangreicheren Textes und schriftliche Beantwortung von Fragen dazu
2. Freies Schreiben eines Satzes zu einer Bildvorgabe

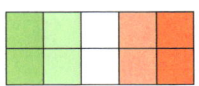

Zusätzlicher Förderbedarf: _____

_____

Mit diesem Heft findest du heraus,
was du schon alles kannst.
Es enthält 8 kleine Tests mit Aufgaben.
Du kannst sie in einem Jahr lösen.
Und du wirst sehen:
Bei jedem Test weißt du schon mehr!

Übersicht: Lernstandsseiten

Nr.	nach Einheit	Datum ✏
Lernstandsseite 1	nach T-i-n-o – T-i-n-a	
Lernstandsseite 2	nach S s	
Lernstandsseite 3	nach W w	
Lernstandsseite 4	nach ie	
Lernstandsseite 5	nach Ü ü	
Lernstandsseite 6	nach J j	
Lernstandsseite 7	nach V v	
Lernstandsseite 8	nach X x	

Jo-Jo Lernstandsheft: Christiane Pfläging-Meyer
Illustrationen: Thorsten Saleina (Cover); Sharmila Banerjee (Innenteil)

ISBN 978-3-06-083187-6
Dieses Heft ist Bestandteil der Jo-Jo Fibel, ISBN 978-3-06-082987-3.
Es ist außerdem im Zehnerpack unter 978-3-06-083186-9 nachbestellbar.

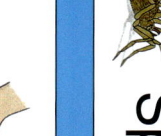

Sp sp

St st

Fuß
ß

tz
Katze

nk
Bank

ng
Ring

V v

Pf pf

Sack
ck

Fuchs
chs

C c

Qu qu

X x
Hexe

Y y
Pyramide   Baby

Yacht

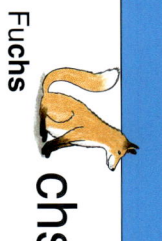
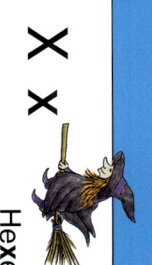

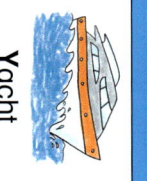

Illustrationen: Sharmila Banerjee/Thorsten Saleina

ISBN 978-3-06-082993-4 (Zehnerpack)

ISBN 978-3-06-083034-3

Cornelsen

Jo-Jo Fibel

A a   I i   U u

E e   O o

L l   S s

M m   N n   T t

3

Ich – Du – Wir

Löwe
Esel
Sonne
Ente
Nashorn

Ottos
Mops
hopst.

Sonne

Findest du
das passende Buch
zu jedem Kapitel auf
Seite ⇨ 97?

Tina
Tino

Klassendienst

Mo	Tino – Lara
Di	Anton – Ina
Mi	Tina – Andi
Do	Simon – Anita
Fr	Nils – Verena

Nano

Malkästen

Großer Welt-Atlas

Blumen
Mein Haustier
Vögel
Indianer
Märchen der Welt

Tina
Anton
Lesen
Malen

Mikado
Piratenclub
Fang den Hut

Die kleine Hexe
Das Sams
Dame
Risiko

Wo ist das Jo-Jo?

Tina

Tino

10

N n O o

♪♪

Oooo

Anton in Not

Anton

Anita in Not

Tina

Anita

A	n	t	o	n

Anton

A	n	i	t	a

Anita

13

M m

Oma mit Mama

Oma am

Mama im

M - a - m - a   Ma ⟩ ma   Mama

O - m - a   O ⟩ ma   Oma

14

Mama mit Tino

Oma
an
Tina

Oma mit Tina

Milch
Milch

Tino mit Tina

Herbst

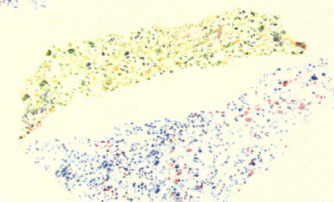

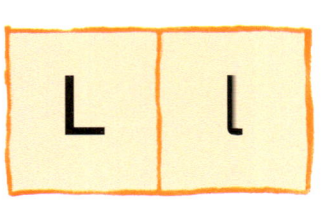

L l

Tina malt Lama Lola.

Ali malt mit Lila.

| L | a | m | a | | | A | l | i |
| La | - | ma | | Lama | | A | - | li | Ali |

Malt Oma Lama Lola?

Anita mit Tino

Toll!

S s

Simon ist am Mist.

Tino soll mit.

Los, Tino!

Iiiii!

S - i - m - o - n
Si - mon
Simon

soll
toll

20

Ali ist am Mast.

Ist Lama Lola am Ast?

Natur entdecken: Tiere

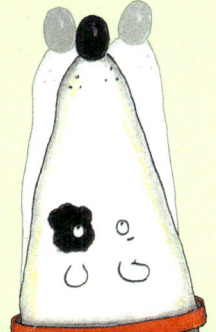

E e

Alle Esel essen Salat.

An Tinos Nase ist Salat.

Tante Lena ist nett.

Elefanten

Lamas

Kamele

E	s	e	l

E	sel

N	a	s	e

Na	se

Tina ist am See.

Essen alle Enten Salat?

Tinas Mantel ist nass!

Im Park

Ooo!

| E | n | t | e | n |
| En | – | ten | | |

| M | a | n | t | e | l |
| Man | – | tel | | | |

P p

Tino ist mit Papa
im Sessel.

Alle lesen mit Opa.

Italien
Pisa

Pa	
O	pa

Papa

Opa

26

Papa!

Po – Pi – Papa!!!

Paola passt
in Papas Mantel.

Polli!

Polli soll essen.

| S | e | s | s | e | l | | e | s | s | e | n |

Ses - sel   es - sen

27

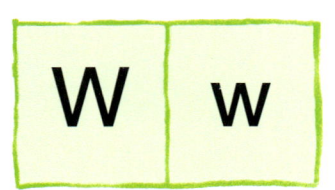

W w

Was will Polli?

Tina will etwas wissen.

Wann will Polli essen?

Will Polli an Mamas Wolle?

W - o - l - l - e

Wol - le

Was will Pipo ?

Tino will etwas wissen.

Was will Pipo essen?

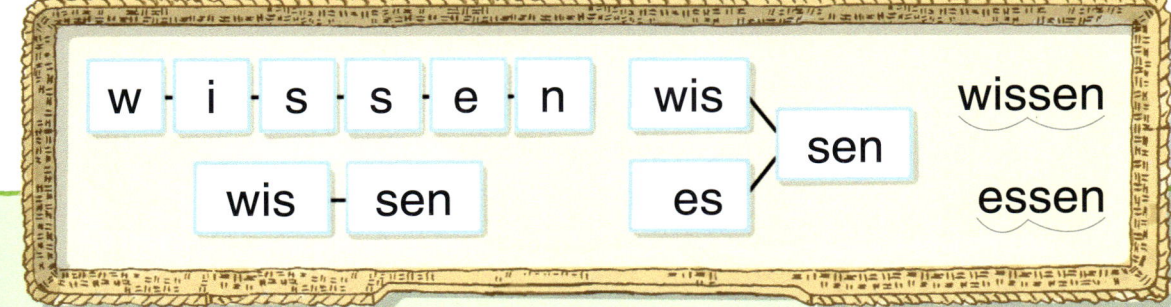

w - i - s - s - e - n

wis - sen

wis - sen

es - sen

wissen

essen

29

1. Was ist an Tinos Nase?

2. Wo essen Enten Salat?

E | e

3. Mit wem ist Tino im Sessel?

4. Passt Paola in Papas Mantel?

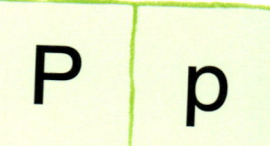

P | p

5. Was will Tina wissen?

6. Nenne 2 Namen mit P.

W | w

Wo ...?

Wann ...?

Mit wem ...?

Was ...?

Womit ...?

Räuber, Ritter und Rabauken

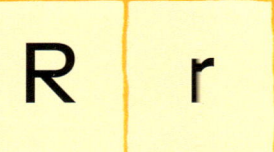

R r

Rosen – Ritter – Piraten?

Alle wollen raten.

Rate mit!

Was ist rot?

Die drei Räuber

Räuberkinder

Wer rettet wen?

Don Quichotte

Wartet er mit Rosen am Tor?

Unsere Märchen aus aller Welt

Es war einmal ...

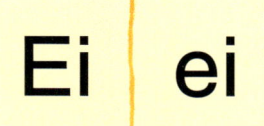

Es war einmal ein Ritter.
Sein Name war Rolo.

Ritter Rolo rettet seine Rosali

① Rosali wartet
an einem Tor.

② Ein Pirat will Rosalis Perlen.
Ritter Rolo ist
als Erster am Tor.

③ Er rettet Rosali
mit einem Eimer.

④ Will Rosali Rolos Rosen?

Es war einmal ...

33

Nenne deine Ideen:

Mit wem

redet der Mann?

Malt der Mann?
Was ist in dem Eimer?

Der Mann ist mit einem Seil
an einem Sonnen…

Dort ist er in der Wanne.  Male den Mann im All.

 **Dreimal**

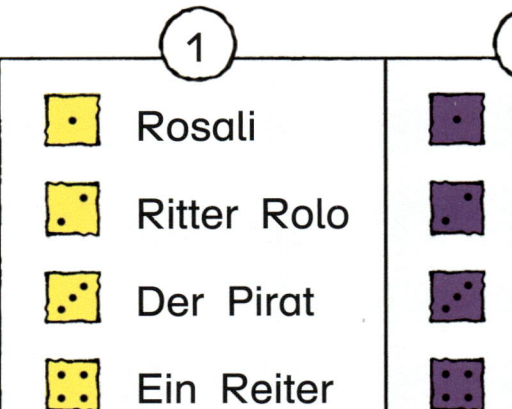

1	2	3
Rosali	rennt	an einem Tor.
Ritter Rolo	wartet	in der Wanne.
Der Pirat	redet	mit einem Eimer.
Ein Reiter	rodelt	in Opas Sessel.
Der Mond	poltert	mit Tinas Mantel.
Ein Mann	reitet	in einem Nest.

Ritter Rolo redet mit Tinas Mantel.

Winter

Im Winter

    ist es

        innen

           warm ...

U u

🔴 Dann rennt Tino

als Erster los. Da!

Tino rudert mit den Armen.

🔺 Alles ist nass.

Tino und Tina warten

an der roten Ampel.

Was passt denn wo?

◆ Tina umarmt Tino:
Du Armer!

■ Umsonst!
Was soll Tino nun tun?
Nun rennt Tina los.

●■▲◆?   ▲●■◆?

39

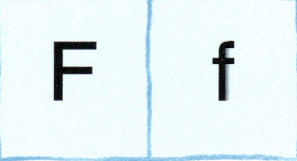

Tinos Anruf

Am Fenster ist Frost.

Drinnen am Ofen ist es warm.

Tino ruft Tina an.

Das tut er oft.

Tina, sollen wir uns treffen?

...

Opa will uns mit Polli filmen.

...

H h

Tino ist ...

Tino hat Husten.

Er ist heiser und

sein Hals ist rot.

Mama holt

warmen Tee.

Das ist Holunder-Tee.
Der wird dir helfen
und den Husten heilen.

Paola will helfen

ie

Tino niest und niest.
Paola holt Polli.

Mama ruft:
    „Paola,
    was tust du denn da?"

Sie antwortet:
    „Polli muss Tino helfen.
    Der Tino ist so arm
    und die Polli ist so warm!"

Sofort nimmt Mama
Polli wieder herunter.
    „Halt, halt, Paola!
    Hier ist nun Ruhe!"

43

Unser Winterheft

1 Mit dem Papier
will Anton etwas falten.

2 Tina malt einen tollen
Winterhut mit Federn.

3 Den Hasen heftet Tino
an seine Fotoseite.

4 Das findet Anita
im Winter toll.

Mein Winterhut

Tiere im Winter

Meine Winteridee

Das ist im Winter toll!

Das Wasser
im See friert.
Es wird Eis.

Und du? Was willst du mit deiner Seite tun?

Zeiten und Räume

Winter

Sommer

Z z

Niemand hat Zeit

Es ist 7 🕖 .

Mama ist in Eile.

Zuerst muss sie mit Pipo zum Arzt.

Dann muss sie sofort zur Firma.

Es wird hell.

Pipo zerrt

an der Leine.

Leon ist in seinem Zimmer.

Mama ruft:

„ Leon, in zwei Minuten musst du los ! "

Tina ruft Mama zu:

„Mama, wann willst du mal wieder

mit uns zusammen essen?"

Mama nimmt Tina in den Arm.

„Es tut mir leid, Tina.

Um eins essen wir alle zusammen."

Es wird Zeit. Mama ruft:

„Leon, du musst den Mantel anziehen!

Hast du alles in deinem Ranzen?

Tina, nimm dein Essen mit!"

 oder  Was tust du um 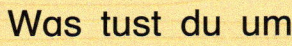    ?

47

B b Bei Tinas Bruder Leon

Leon ist Tinas Bruder.

Beide sind in Leons Zimmer.

Neben seinem Bett ist

ein Bild mit der Sonne

im All.

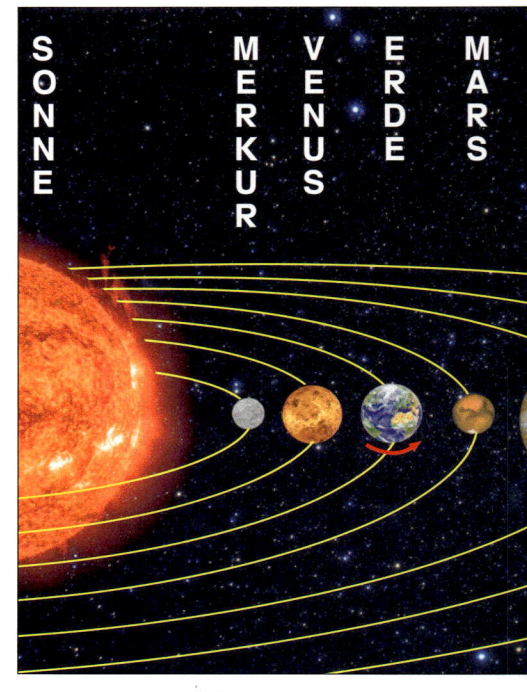

Tina ruft: „O, toll!

Da ist die Sonne.

Und hier, neben dem Mars …

Ist das unsere Erde?"

Leon antwortet:

„8 Planeten wandern um die Sonne.

Ein Planet ist unsere ERDE."

Dann nennt Leon 4 weitere Namen:

„MARS – SATURN –

URANUS – NEPTUN."

Wer nennt die Namen
der anderen drei Planeten?

JUPITER SATURN URANUS NEPTUN

Die Sonne erhellt immer nur einen Teil der Erde.
Der andere Teil bleibt finster.

Tina und Leon lesen:

Wie erleben wir die Sonne bis zum Abend?

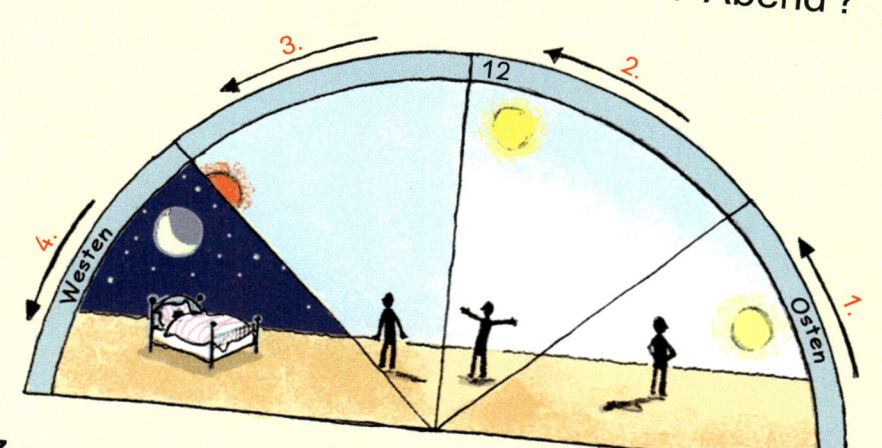

1. Zuerst wird es heller.
   Bald ist die Sonne im Osten zu sehen.
2. Um 12 ist sie oben am Himmel.
3. Bis zum Abend wandert sie in den Westen.
   Am Abend wird die Sonne rot.
4. Wenn die Sonne fort ist, wird es bald finster.

49

Ch ch Wenn es Nacht ist in China

Tino ist bei Tina und Leon zu Besuch.

Die beiden lesen in einem Buch.

Tina ruft: „Tino, dieses Buch ist echt toll!"

Sie sucht eine Seite.

„Wenn in China Nacht ist,

ist es bei uns noch hell!"

Tino wundert sich:

„Wieso das denn? Bist du sicher?"

Tina antwortet:

„Doch, ich bin sicher!

Immer nur ein Teil der Erde

hat Sonnenlicht.

Der andere Teil aber nicht."

Unser Weltall

Mondlandungen

Besuch aus dem All

Sonne

Erde

Tino meint:

„Ach, so! Und China ist
im anderen Teil der Erde!
Ist denn in China immer Nacht?"

Leon muss lachen:
„Nein, Tino.
Die Planeten drehen sich doch
um sich selbst.
Wenn bei uns dann Nacht ist,
wird es in China wieder hell."

Tina und Tino rufen im Chor:
„Weil dann die andere Seite der Erde …"

Wenn es Nacht ist in China, …

… lacht in Italien die Sonne.

… arbeiten meine Eltern.

… tobe ich durch mein Zimmer.

… bin ich mit Papa noch im Zoo.

… ist es mir hier zu hell.

… male ich Mama ein Bild:

Ich hab dich lieb.

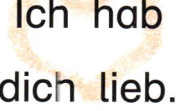

„Was machst du, wenn in China Nacht ist?"

Das bin ich

Manchmal

ist

mein ICH

ein

buntes

Durcheinander.

Manchmal

hat

mein ICH

eine Farbe.

Welche Farbe hat
das Lachen?

Welche Farbe hat
die Wut?

Au | au   Das ICH unter meiner Haut

Manchmal finde ich mich toll.

Dann lache ich und tobe herum.

Manchmal finde ich mich auch doof.

Dann brauche ich dich,

damit du mir Mut machst.

Ich muss noch
rechnen.

Manchmal bin ich faul und

will Mama nicht helfen.

Dann suche ich eine prima Ausrede.

Wenn ich Wut habe,

will ich oft

am liebsten fortlaufen.

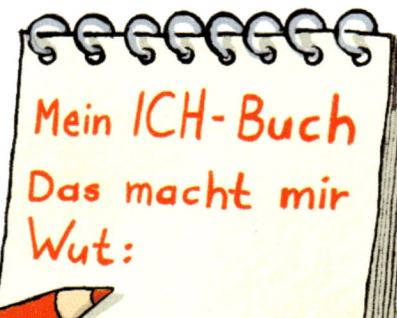

Mein ICH-Buch
Das macht mir
Wut:

Manchmal will ich horchen,
wie laut mein Herz
unter der Haut pocht.

Manchmal ist in meinem Zimmer
ein Durcheinander.
Dann ist Papa sauer auf mich.

Manchmal habe ich einen tollen Traum.
Darin sause ich
mit einem Auto aus Federn
in den blauen Himmel.

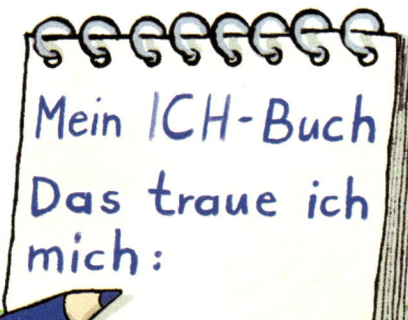

Wenn ich mich nicht traue,
etwas zu tun,
habe ich ein Zittern im Bauch.

Mein ICH-Buch
Das traue ich
mich:

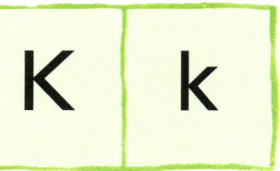

K k

Kinder, Kinder ...

Ich will einmal tanzen lernen.

Deshalb liebe ich laute Musik.

Aber Papa kann laute Musik

nicht leiden.

Oft ruft er: „So ein Krach!"

Wenn ich dann kichere,

wirft er ein Kissen nach mir.

Ich wollte keine Brille.

Aber so konnte ich kaum sehen.

Mama meinte:

„Komm, wir kaufen dir eine tolle Brille!"

Damit kann ich nun auch die kleinste Krabbe erkennen.

Und die anderen finden meine Brille klasse.

Ich finde kochen toll.

Manchmal darf ich

zu Hause mit Mama kochen.

Dann kaufen wir zuerst

etwas auf dem Markt ein.

Mama will wissen:

„Kochst du etwa wieder Kartoffelsuppe?"

Ich antworte: „Nein! Ich koche **Paprikakarottenrisotto**."

Mama ruft: „Wie bitte??? Hilfe!!!"

Aber am liebsten esse ich Obstsalat … mit Keksen.

Obstsalat – Mein Rezept

Du brauchst:
- Bananen, Birnen oder anderes Obst
- Mandeln
- Rosinen oder Kokos-Raspeln
- etwas Zitronen-Saft und
  Ahorn-Sirup

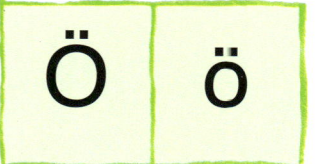

Kartoffeln und Börek

Frau Löber möchte wissen, was die Kinder oft essen.
Alle Kinder rufen durcheinander.

Obst!

Kartoffel-Salat!

Brötchen
mit Marmelade!

Börek!

…

Öl-Sardinen!

…

Pizza
mit Salami!

Bonbons
und Eis!

Döner-Kebab!

Frau Löber ruft: „Nun aber mal der Reihe nach!
Hört bitte den anderen erst einmal zu."

58

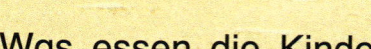
… ✏
Was essen die Kinder …

Über unser Essen

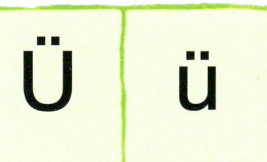
Ü ü

Frau Löber malt eine Tabelle an die Tafel.

Über der Tabelle lesen die Kinder eine Zeile:

Was müssen wir öfter essen?		
Obst	???	andere Sachen
Bananen	Kartoffeln	Bonbons
Birnen	Paprika	Nüsse
Mandarinen	Tomaten	Eis
Weintrauben	Kürbis	Müsli
…	…	…

Tino brüllt: „Zwei Sachen passen nicht dahin!"

Frau Löber meint: „Würdest du dich bitte melden?"

Die Kinder nennen die zwei Wörter und reden darüber.

Dann holt Frau Löber für alle ein kleines Eis

aus einer Tüte und lacht:

„Manchmal darf man auch Eis essen."

… anderswo in der Welt?

59

Wir erfinden Monster-Wörter

Sau-er-kraut-sup-pen-löf-fel

Das ist meine …

Kann-…

Kann-alles-…

Kann-alles-riechen-…

Kann-alles-riechen-Nase.

Das liebe ich über alles:

Erdbeer…

Erdbeermarmeladen…

Erdbeermarmeladenbrötchen

Manchmal

Manchmal habe

Manchmal habe ich

Manchmal habe ich einen

Manchmal habe ich einen Mitter…

Manchmal habe ich einen Mitternachts…

Manchmal habe ich einen Mitternachtszauber…

Manchmal habe ich einen Mitternachtszaubertraum.

 Erfinde selbst solche Monster-Wörter.
Lies sie dann mit einem Partnerkind.

www.freizeit

Ich liebe es,
in meinem Bett
tolle Bücher
zu lesen.

Tino

Willst du
mit mir
eine Fantasie-Reise
machen?

Tina

Sch | sch

Nach der Schule

Die Schule ist aus.

Tino und Tina sind schon fast an der Tür.

Da ruft Tina auf einmal:

„Tino, schau mal! Da ist eine Plakat-Wand!

Wollen wir ins Schwimmbad?"

„Nein, lass uns lieber die Dinos anschauen."

„Nein, lass uns fernsehen!"

„Nein, lass uns etwas lesen!"

„Nein, lass uns einen Brief schreiben."

„Nein, lass uns Fische malen!"

Tina schmollt: „Das ist blöd!"

Dann holt sie schnell

einen Zettel aus der Tasche.

LESEN

Bücher

Briefe

im Internet

Zeitschriften

Comics

Himmel und Hölle

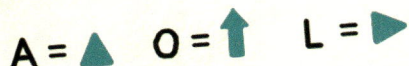

Himmel

Hölle

9

7   8

6

4   5

3

2

1

Erde

Freizeit-Tipps

Naturkunde-Museum

15.02. bis 15.05.

Malen, Basteln …

- Fische malen
- Schiffe basteln

- Tierbilder sammeln
- Flaschenpost schreiben

Im Fernsehen

SA – 8.50

Logo!

SA – 12.10

Löwenzahn

SO – 11.30

Die Sendung mit der Maus

Sport

rennen

klettern

schaukeln

Inline-Skaten

Fußball spielen

A = ▲   O = ↑   L = ▶

E = ᗺ   U = ↓   N = ∼   S = ⦾

?

▶ ▲ ⦾ ⦾   ↓ ∼ ⦾

▶ ↑ ⦾ ᗺ ∼ !

Was ist denn das für eine komische Schrift?

G g

Simon gegen Andi

Simon und Andi gehen zur Wiese.

Dort holt Andi einen gelben Ball

aus seiner Tasche.

Simon ruft: „Das ist doch Antons Ball!

Den hat er gestern überall gesucht!"

Andis Gesicht wird ganz rot.

„Gar nicht! Das ist mein Ball!

Den hat mir mein Bruder gegeben.

Du kannst Tino fragen.

Der hat es genau gesehen!"

Da kommt Anton und grinst:

„Aber, mein Ball ist doch grün."

Nun wird Simon ganz rot:

„Tut mir echt leid, Andi!"

Anton tritt gegen seinen Ball.

> Eine Aufgabe für kluge Forscher:
> Finde heraus, wer gerade Weltmeister ist.

Augen-Rätsel

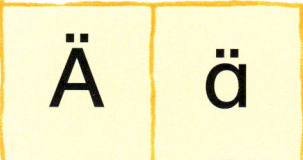

Tino hat sich ein Buch geliehen.

Die Mädchen blättern wie wild darin herum.

Tino greift Paolas Ärmel und fragt:

„Hallo? Lässt du mich nun bitte mal an das Buch?"

Paola lächelt: „Aber nur, weil du älter bist als ich!"

Tino zeigt den Mädchen etwas:

„Die Seiten mit den Augen-Rätseln gefallen mir gut!"

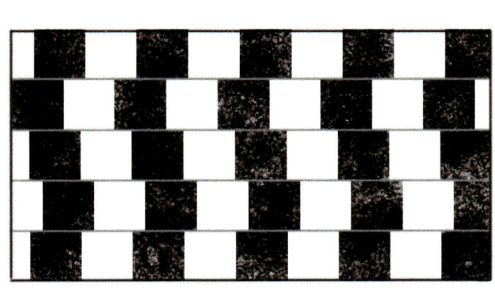

Sind die grauen Linien
schräg oder gerade?
Lege ein Lineal an.

Ist das ein Gesicht oder
Obst und Gemüse?

Ätsch!
Reingefallen!

65

Freizeit-Gedichte

F reie Zeit
R ätsel lösen
E cht tolle Bücher lesen
I m Internet surfen
Z usammen schaukeln
E ndlich Zeit zum Basteln
I ns Schwimmbad gehen
T ausendmal besser als ...

L _____
E _____
S _____
E _____
N _____

Wer macht was am freien Tag?

Die Elefanten
polieren Diamanten.

Die Forellen
üben Knurren und Bellen.

Gerda Anger-Schmidt

Die Giraffen
küssen Affen.

Die Tina
fliegt nach China.

Der Geier
brät sich ...

Der Tino
rennt ins Kino.

Der Fisch
tanzt auf dem ...

Frühling

Hassu Hase fragt
alle Tiere im Wald:
„ Was ist der Lenz ? "

Die Amseln wissen es nicht.
Sie bauen gerade ein Nest.

Eine Ameise antwortet:
„ Alles hat seine Zeit:
Das Ruhen. Das Aufwachen. "

Hassus Papa lächelt.
Dann sagt er ganz ruhig:
„ Lenz ist, wenn …
frisches Gras duftet,
die Sonne wärmer wird,
die Lerche trillert … "

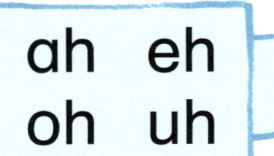

An der alten Mühle

Tina und Tino sind mit Anton und Ina
an der alten Mühle.
Inas Familie hat dort einen Garten.
Es weht ein leichter Wind,
aber es ist schon sehr warm.

Anton fährt Ina über die Wiese.
Tina geht neben Tino.

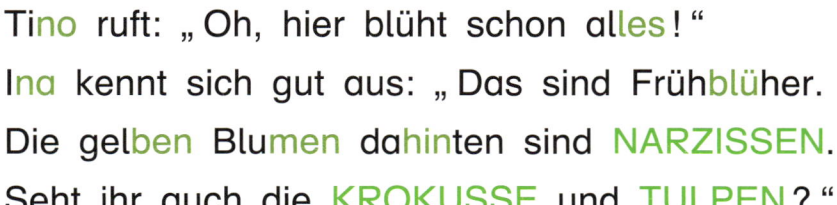

Tino ruft: „Oh, hier blüht schon alles!"
Ina kennt sich gut aus: „Das sind Frühblüher.
Die gelben Blumen dahinten sind NARZISSEN.
Seht ihr auch die KROKUSSE und TULPEN?"

Tina sagt: „Und hier blüht sogar schon ein Löwenzahn."

Auf einmal ruft Anton:

„Sieh mal, Ina.

Auf der Weide grast eine Kuh!"

Ina sagt: „Das ist unsere Allegra."

Tino lacht: „Das ist lustig.

In Italien nennt man sie also

die Fröhliche."

Die Kinder erleben noch einen tollen Nachmittag.

Am Abend wird Tino müde: „Es ist sicher schon fast sieben Uhr.

Wir müssen nach Hause!"

Tina wundert sich: „Ist das wahr? Es ist doch noch ganz hell!"

1	2	3

Blütezeit	**Blütezeit**	**Blütezeit**
März – April	März – April	März – Mai
Blütenfarbe	**Blütenfarbe**	**Blütenfarbe**
violett, weiß, orange	weiß, rot, gelb, lila, orange	gelb

69

Die schönste Zeit im Jahr

Tino ist mit seiner Familie im Park.
Die Eltern liegen gemütlich auf der Wiese.

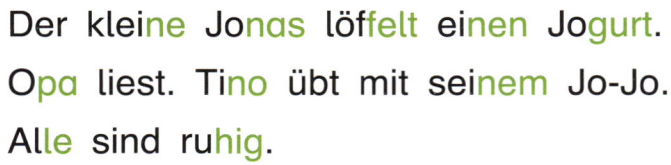

Der kleine Jonas löffelt einen Jogurt.
Opa liest. Tino übt mit seinem Jo-Jo.
Alle sind ruhig.

Aber Paola ist sauer, weil sie lieber
ins Kino wollte.

Auf einmal rennt sie mit Tinos Jo-Jo weg.
Sie jubelt laut: „Ätsch, ich hab es!"
Tino jagt hinter ihr her und brüllt: „Ich krieg dich ja doch!"
Jonas beginnt zu jammern. Papa tröstet ihn.

Mama meint: „Ja, ja, das Frühjahr ist die ... "

Was macht das Wetter im Lirpa?

Gut, dass gerade mal die Sonne scheint!

Genau, der Lirpa macht nämlich, was er will! Und wie ist das Wetter im … Raunaj – Zräm – Iam – Inuj – Iluj – Tsugua?

Was macht das Wetter im Lirpa?

T und M: Günther Kretschmar

Was macht das Wet-ter im Lir-pa, was macht das Wet-ter
im Ap-ril? Mal reg-net's und mal schneit es, mal ha-gelt's,
im-mer, wie es will, und mal scheint auch die Son-ne.
So ist das Wet-ter im Ap-ril, so ist das Wet-ter im Ap-ril.

Wir basteln ein Amselnest

Du brauchst:

hellblaues und grünes Tonpapier,
Karton, eine Schere, Kleber,
Filzer in Gelb, Schwarz und Braun,
braunes oder grünes Bastelgras.

1. Zuerst malst du Zweige
auf das hellblaue Tonpapier.

2. Schneide dann aus dem
grünen Papier kleine Schnipsel
für die Blätter.
Die klebst du an die Zweige.

3. Nun malst du jede Amsel einzeln
auf den Karton. Ungefähr so:

4. Schneide die Amseln aus und
klebe sie über die Zweige.
Male die gelben Schnäbel dazu.

5. Klebe dann ein wenig Bastelgras
in einem Bogen unter die Amseln.

Für Spürnasen

Hannas Kaninchen
Susi ist entführt worden!
Ich will Hanna helfen.
Ich muss alle Bewohner
befragen.

Lisa und Laura kichern
am Fenster.
Haben sie ein Geheimnis?

Ludwig rast mit seinem
Rad weg. Flüchtet er?
Ich frage Ludwigs Mutter.
Sie sagt:
„Er hat seinen Pulli in der
Turnhalle liegen lassen."

Sonja ist nicht zu Hause.
Ich gehe auf den Hof.

Ob Lisa und Laura das
Kaninchen entführt haben?

Da kommt Sonja angerannt.
Sie hält Löwenzahn
in den Händen.

Der Fall ist
gelöst!

Sp | sp

Ein Fall für Spürnasen

Das ist Salli.
Salli fliegt nach Spanien.
Er ist schon ganz gespannt auf
die anderen Tiere dort.

3 = n

1 = Sp

Zuerst spricht er die Enten an:
„ Spielt ihr jeden Tag im Park? "
Doch die Enten futtern still weiter.
Salli sagt:
„ Schon gut. Ich wollte nicht stören. "

Später fragt Salli einen Kater:
„ Darf ich dich streicheln ? "
Der Kater starrt weiter auf die Tauben.
Salli wird sauer:
„ Schon gut, du blöder Tauben-Spion! "

5 = sch

St | st

4 = i

Wütend spaziert Salli weiter durch
die Stadt.
Bald kommt er zu einem Löwen.
Diesmal bleibt Salli stumm.
Steine sprechen ja sowieso nicht.

2 = a

Nach einigen Stunden macht Salli eine Pause.
Nun fällt ihm etwas ein. Er strahlt: „Stimmt ja!"
Salli überlegt kurz.
Dann ruft er laut: „Hola, mi nombre es Salli!"

Warum haben die Tiere
Salli nicht geantwortet?

Findest du das
Rätsel-Wort heraus?

___ ___ ___ ___ ___
1   2   3   4   5

ck

Picknick auf der Brücke

Die Tiere treffen sich
zu einem Picknick.
Es findet auf einer Brücke statt.
Alle hocken nebeneinander.
Manche schlecken ein leckeres Eis.
Andere kleckern mit ihrer Limonade.

Auf einmal steht der dicke Elefant auf und rennt fort.
Die ganze Brücke wackelt.

„Was ist denn
mit dir los?"

„Lauf! Schnell!
Es knackt!
Die Brücke bricht!"

„Hat dich eine Mücke
gestochen?"

„Wir müssen hier runter!
Die Brücke knackt!"

„Spielt ihr Nachlaufen?"

„Nein!!!
Ich rette **dein** Leben!"

Das Zebra nimmt die Schnecke huckepack …

„**Stopp**!
Ihr spinnt wohl!"

„Wir haben **es** doch **alle** gehört!"

Seit wann seid ihr so sportlich?

Die Tiere blicken zurück zur Brücke.

Knack!

Knack!

Knack!

Was hat denn da wohl geknackt?

Meister im Tarnen

Manche Tiere sind wahre Meister im Tarnen.

Andere Tiere können sie auf der Futtersuche kaum erkennen.

Aber für echte Spürnasen ist das kein Problem.

Auf welchem Bild kannst du welches Tier entdecken?

- Der Tintenfisch sieht aus wie Meeressand.

- Die Stabschrecke macht Äste zwischen Blättern nach.

- Der Krokodilfisch liegt platt auf dem Meeresgrund.

- Die Zwitscherschrecke sieht fast wie ein Blatt aus.

Natur entdecken: Pflanzen

Ritter Rüstig und Ritter Rostig
lebten mit ihren Frauen
friedlich auf zwei Burgen.

Zwischen den beiden Burgen
sahen sie eines Tages
eine ganz besondere Blume.
Bald war sie fünf Meter hoch!

Morgens bog sich die Blüte
zu Rüstigs Fenster.
Abends bog sich die Blüte
zu Rostigs Fenster.

Doch bald wollten
beide Paare die Blume
für sich alleine haben.

Alle zerrten an ihr herum –
bis die Blume zerbrach.

Dann geschah ein Wunder:
Nach dem Winter gab es
14 Blumen im Garten!

Sind Blumen
nicht klug?

⇨

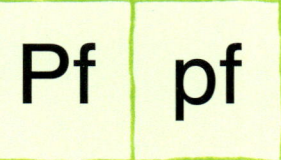

Pf pf

Sommer im Topf

Die Kinder treffen sich bei Tina auf dem Balkon.

Sie wollen Blumensamen aussäen.

Tinas Mutter hat drei Töpfe, Blumenerde und Samen gekauft.

Paola zieht Tina am Zopf: „Und wo sind die Pflanzen?"

Tina grinst:

„Die gibt es doch noch gar nicht!

Wir müssen zuerst die Blumensamen aussäen.

Im Sommer haben wir dann

schöne Pflanzen in unseren Töpfen."

Paola fragt:

„Und was werden das für Pflanzen?"

Tina antwortet:

„Das werden Wildblumen."

Kennst du schon die Namen der Wildblumen?
Frage jemanden oder informiere dich in Sachbüchern.
Schreibe drei Namen auf.

80

So setzen die Kinder die Samen ein

Tino und Paola sitzen schon gespannt auf ihren Plätzen.
Mama ruft: „Tina, mein Schatz! Kommst du auch?"
Endlich kommt Tina. Mama erklärt, wie man die Samen aussät:

„Zuerst füllt ihr
die Töpfe
mit Blumenerde.
Die drückt ihr fest."

„Jetzt legt ihr
ein paar
Blumensamen
darauf."

„Zuletzt
kommt wieder
etwas Erde
darüber."

„Pflanzen müsst ihr gut pflegen!
Gebt der Erde nun jeden Tag etwas Wasser.
Die Pflanzen brauchen Licht,
mögen aber keine Hitze."

Plötzlich rast Pipo direkt in die Blumenerde.
Mama pfeift ihn zurück: „Nimm die Pfoten weg!
Du machst ja alles schmutzig!"

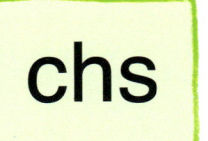

chs

Können Knöpfe wachsen?

Die Klasse steht am Rand einer Wiese.
Die Kinder sind in sechs Gruppen aufgeteilt.
Jede Gruppe soll zwei Wildblumen finden,
die dort wachsen.

Die Bilder und Namen dazu finden sie auf einem Zettel.
Die Kinder wechseln sich beim Lesen ab.
Einige Namen kennen sie. Andere sind sehr witzig!

Anton sagt: „Hier steht **Bärenohr**!
Ob es auch eine Fuchsnase gibt?"

Tino kann es kaum glauben:
„Wir haben eine **Käsepappel**!"

Tina ruft: „Seht mal!
Das hier ist ein **Wiesenknopf**!"
Ina meint: „So, so!
Knöpfe können also wachsen!"

Erfinde selbst lustige Wildblumennamen:
Wurstblume – Waldgürtel – …
Male diese Blumen dann mit Wachsmalstiften.

Von Kuhblume und Butterblume

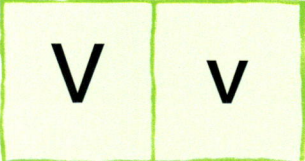

Frau Löber muss lachen: „ Ich schlage vor,
dass ihr zuerst die bekannten Pflanzen sucht!
Vielleicht beginnt ihr mal mit der Kuhblume. "

Verena hebt vorsichtig die Hand:
„ Aber die kenn ich doch auch nicht. "
Simon fragt: „ Ist das die Blume
aus der Vase in unserem Klassenraum? "

Andi ruft: „ Nein, die ist violett!
Die Kuhblume hat gelbe Blüten.
Ihr kennt sie alle.
Aber Pflanzen haben oft
viele verschiedene Namen. "

Ein Pflanzen-Rätsel

Wunderbar
stand er da im Silberhaar.

Aber eine Dame,
Annette war ihr Name,
machte ihre Backen dick,
machte ihre Lippen spitz,
blies einmal, blies mit Macht,
blies ihm fort die ganze Pracht.

Und er blieb am Platze
zurück mit einer Glatze.

Josef Guggenmos

Wildblumen-Karten

Mit getrockneten Wildblumen kannst du schöne Karten basteln.
Frage vorher nach, welche Pflanzen du pflücken darfst.
Schneide ein bisschen von einer Pflanze ab, die dir gefällt.
Schneide nicht zu viel ab. Dann kann sie weiter wachsen.

Lege deine Pflanze zwischen ein paar Löschblätter.
Danach legst du viele schwere Bücher darauf.
Wechsle jeden Tag die Löschblätter vorsichtig einmal aus.
Nach ein paar Tagen klebst du die trockene Blume auf deine Karte.

Die Kamille, die Kamille,
ist eine Pflanze, keine Pille.

Doch ist dein Hals ganz rot und wund,
macht sie dich oft ganz schnell gesund.

Du brauchst dann keine fiese Spritze.
Die Kamille, die ist spitze!

Schreibe dann
ein passendes
Gedicht dazu.

Vorsicht!
Manche Pflanzen sind giftig
oder kratzen und brennen.

Die Distel

Die Distel hat ein schön Gesicht,
drum wehrt sie sich und kratzt und sticht.
Der Esel aber hat entdeckt,
dass sie ihm schmeckt.

Karl Heinrich Waggerl

Lerne eines der Gedichte auswendig.

84

Wie wir leben

Papa überlegt:
„ Laura, was wäre,
wenn ich du wäre
und du wärst ich? "

Laura sagt:
„ Papa, das wäre prima!
Dann würde ich dich vom
Kopf bis zum Zeh einseifen!
Und ganz besonders
hinter deinen Ohren. "

Papa grinst und sagt:
„ Prima, dann könnte ich
spielen und du
müsstest sauber machen! "
Laura überlegt:
„ Ich glaube, dann wäre ich
wohl lieber ich! "

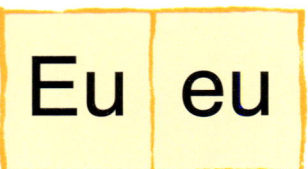

Eu eu

Tinos neues Spielzeug

Tino hat ein neues Feuerwehr-Auto.

Stolz zeigt er es Paola:

„Guck mal, der Löschwagen ist ferngesteuert!"

Paola versteht nicht:

„Waaas? Der Löschwagen ist gern bescheuert?"

Tino antwortet: „Nein, du Dummkopf!"

„Er ist *fern-ge-steu-ert*. Ich kann ihn

mit diesem Gerät aus der Ferne steuern."

Paola lacht: „Sag das doch gleich!"

Tino zeigt Paola,

wie man das Auto fahren lässt.

Sie wechseln sich ab. Sie lassen

das Auto durch Tinos Zimmer rasen.

Dann muss Tino aufs Klo.

Als er wiederkommt, hat Paola

das Auto gegen die Wand gefahren.

Der Streit

Tino brüllt: ✳1 „Verdammt! Kannst du nicht aufpassen?
Das Auto hat zwanzig Euro gekostet!
Ab heute spielst du nur noch mit deinem Spielzeug!"
Paola beginnt zu weinen: „Du bist total gemein!"
Tino brüllt weiter: ✳2 „Und du bist eine Heulsuse!"

Paola rennt zu den Eltern:
✳3 „Papa, Papa, Tino lässt mich nicht mit seinem
Feuerwehr-Auto spielen!"
Jetzt wird Tino richtig laut: „Das stimmt ja gar nicht!"
Papa ruft aus dem Wohnzimmer:
„Euren Streit müsst ihr schon unter euch ausmachen!"
Mama ruft: ✳4 „Tino, brüll deine Schwester nicht so an!"

Meine Schwester und ich

Sie macht's gut,
ich mach's schlecht.
Sie macht's euch
immer recht.

Sie ist leise,
ich bin laut,
und ich bin es,
der sie haut.

Sag ich nein,
sagt sie ja,
und wer lieb ist,
ist doch klar.

Immer sie,
niemals ich.
Und ich frag:
Wer mag mich?

Regina Schwarz

Was hätten Tino, Paola und Mama
an diesen Stellen ✳ auch sagen können?

87

nk **Wer hilft wobei?**

Mama muss morgen den ganzen Tag arbeiten.

Sie sagt: „Morgen Mittag kommt Oma.

Sie wird euch etwas kochen. Bitte denkt daran, ihr zu helfen!

Leon, hol bitte morgen das Geschirr aus dem Schrank.

Tina, deck bitte morgen den Tisch!

Und vergesst nicht: Nette Enkel bedanken sich bei der Oma!"

Eigentlich verstehe ich mich mit Leon sehr gut.
Wenn es um die Aufgaben im Haushalt geht,
zanken wir uns aber auch oft.

Aufgaben für morgen

	Leon	Tina
Getränke kaufen	X	
den Mülleimer leeren		X
den Abwasch machen	X	
mit Pipo Gassi gehen		X
Pipo …		

Tina erzählt von ihrer Familie

Ich lebe mit Mama, Leon und Pipo zusammen.

Papa lebt schon lange nicht mehr bei uns.

Meine Eltern haben sich vor vier Jahren getrennt.

Daran kann ich mich aber nicht mehr gut erinnern.

Ich verbringe jedes zweite Wochenende

bei meinem Papa. Darauf freue ich mich immer sehr.

Papa ist nämlich nicht so streng wie Mama.

Bei ihm darf ich länger aufbleiben … jedenfalls manchmal …

Und wenn ich Geburtstag habe, feiert Papa mit uns zusammen.

Mama hat jetzt einen neuen Freund.
Der hat uns gestern zum ersten Mal besucht.
Als es an der Tür klingelte, hatte ich zuerst Angst.

Er kam herein.
Er sah ganz anders aus als Papa.
Er gab Leon die Hand und sagte:
    „Hallo Leon. Du bist also Hannas toller Junge!"
Er gab mir die Hand und sagte:
    „Hallo Tina. Du bist also Hannas kleiner Engel!"

Pipo sprang fröhlich an ihm hoch. Ich glaube,
Mamas neuer Freund ist ganz in Ordnung.

Tino erzählt von seiner Familie

Mein Vater kommt aus der Stadt Pisa in Italien.
Vor acht Jahren arbeitete er für eine große Firma
in Deutschland. Er sollte nur einen Monat bleiben.
Aber dann lernte er Mama kennen.
Die beiden haben sich sofort ineinander verliebt.

Anfangs verstand mein Papa
noch gar nicht viel Deutsch.
Da konnten sie sich wohl bloß
mit Händen und Füßen unterhalten.
Das sah bestimmt sehr lustig aus!

Eines Tages brachte er ihr einen Strauß mit weißen Rosen.
Dann haben sie geheiratet. Papa ist in Deutschland geblieben.
Mit Paola, Jonas, Opa und Polli sind wir jetzt eine große Familie.

Und wir?

Übrigens: Eigentlich heiße ich Valentino.
Tino ist nur die Abkürzung von Valentino.

Mein Opa

Opa kommt aus Syrakus.
Das ist eine Stadt ganz im Süden Italiens.
Sie liegt direkt am Meer.
Wir verbringen die Ferien oft dort.

Opa übersetzt für mich immer
die Briefe an meine Freunde in Syrakus.

Pisa
Italien
Rom
Syrakus

Liebe Alessia, lieber Andrea,
meine Lehrerinnen
in der Schule sind okay.
Ich freue mich aber
trotzdem auf die Ferien
mit euch.
Viele Grüße auch
von Paola.
A presto! Tino

Opa kam zu uns
nach Deutschland,
nachdem meine Oma
gestorben war.

Oma hieß Yelva.
Damals war ich noch
ein Baby.

Opa lebt gerne bei uns. Doch manchmal hat er Heimweh:
„In Syrakus ist es viel heißer – und es riecht nach Thymian.
Man kann den ganzen Abend draußen sitzen.
Aber meine liebe Yelva ist ja nicht mehr da ... "

Wir schreiben über unsere Familien

Ich heiße Moses.
Mein Vater ist Deutscher.
Meine Mutter ist aus Kamerun.
Kamerun ist ein Land in Afrika.
Hier seht ihr mich mit Marylin.
Ich bin Marylins Onkel. Ehrlich!

Wir heißen Inka und Fynn.
Wir sind Zwillinge.
Als Babys sahen wir fast gleich aus.
Heute ist das zum Glück anders.
Sonst würdet ihr ja
Bruder und Schwester
verwechseln.

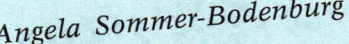

Wenn meine Eltern streiten,
dann hätt ich gern viel Geld,
um einfach wegzureiten
bis an den Rand der Welt.

Angela Sommer-Bodenburg

Ich heiße Yvonne.
Mein Papa kommt aus Stuttgart,
meine Mama aus Hamburg.
Jetzt wohnen wir in einem
sehr schönen kleinen Dorf.
Bald bekommt Mama ein Baby.
Das wird bestimmt ganz süß!

Schreibe selbst etwas über deine Familie.
Lies es dann anderen Kindern vor.

Sommer

Rudolf Herfurtner
Der wasserdichte Willibald

Willi traute sich viel,
aber er traute sich nicht
ins Wasser.

Er wusch sich, das schon.
Er duschte auch manchmal.

Aber in der Badewanne liegen,
das war ihm schon zu viel.
Und zum Schwimmen gehen,
das wollte er schon gar nicht.

Willi hatte es
noch niemandem gesagt,
aber er hatte
einen schrecklichen Verdacht:

Der Mensch, dachte Willi,
ist gar nicht wasserdicht.
Oder vielleicht nur
die anderen Menschen,
und er nicht.

An den großen Löchern,
an Mund und Ohr und Nase,
sowieso nicht.
Dass das Wasser
durch die Nase reinkam,
das wusste ja jeder.

Aber was war
mit den kleinen Löchern?
Willi wusste, dass durch
kleine Löcher in der Haut
der Schweiß rauskam.

Wer sagt mir nun, dachte er,
dass durch diese Löcher
das Wasser nicht auch
wieder reinkommen kann?

Rudolf Herfurtner

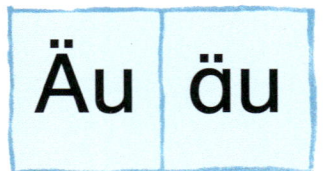

Frau Löber hatte gestern eine tolle Idee:

„Schließt doch bitte einmal die Augen. Seid nun ganz still.

Denkt an Geräusche, die ihr aus dem Urlaub kennt."

Die Kinder haben dann ihre Geräusche an die Tafel geschrieben.

Jetzt machen sie diese Geräusche nach.

Simon läuft mit einem Mikrofon durch die Klasse.

Er soll alle Geräusche aufnehmen.

huihui

huihui

huihui

Ich träume
vom Rauschen des Windes
in den Bäumen.

platsch!

platsch!

Die Kuh der Bäuerin Maria
säuft Wasser aus einem Trog.
Das Wasser läuft über.

C c

Wenn ich mit Papa im Urlaub bin, gehen wir manchmal in ein Internet-Café. Dann schreiben wir am Computer eine E-Mail an Mama und Leon.

So hört es sich an, wenn du neben meiner Schwester im Auto sitzt: Sie findet es cool, die ganze Zeit Musik auf ihrem MP3-Player zu hören.

Ich liebe am meisten das Lagerfeuer auf einem Camping-Platz. Das knistert so schön!

Was bedeuten diese Wörter?
Internet-Café – E-Mail – MP3-Player – cool
Frage jemanden oder informiere dich in Sachbüchern.
Schreibe zu einem dieser Wörter eine Erklärung auf.

95

Feriengrüße an Tina

Siracusa

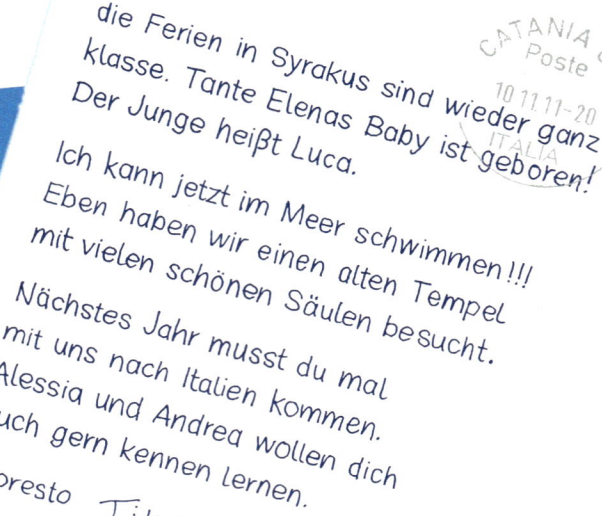

Liebe Tina,

die Ferien in Syrakus sind wieder ganz
klasse. Tante Elenas Baby ist geboren!
Der Junge heißt Luca.

Ich kann jetzt im Meer schwimmen!!!
Eben haben wir einen alten Tempel
mit vielen schönen Säulen besucht.

Nächstes Jahr musst du mal
mit uns nach Italien kommen.
Alessia und Andrea wollen dich
auch gern kennen lernen.

A presto   Tino

An
Tina Bender
Däumlingstr. 14

78554 Aldingen

Germania

Liebe Tina, lieber Papa,

sicher habt ihr es schön auf dem Bauernhof im Allgäu.
Tina, hattest du schon deine erste Reitstunde?

Letzte Woche war ich doch so enttäuscht,
dass mein Ferienlager ausgefallen ist.
Aber jetzt bin ich sogar richtig froh darüber.

Ich werde nämlich ab morgen einen Freeclimber-Kurs besuchen.
Wisst ihr, was das ist? Schaut doch mal im Internet nach!
Schreibt ihr mir morgen eine E-Mail zurück?

Liebe Grüße von Leon

> Was könnt ihr schon am Computer?
> Sprecht darüber. Versucht dann,
> selbst eine E-Mail zu schreiben.

Ich liebe Bücher

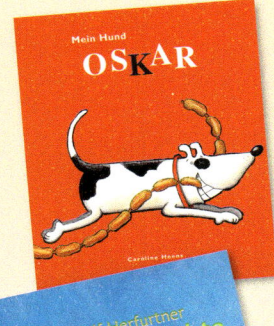

Welches Buch gehört zu welchem Kapitel? Ein Buch bleibt übrig!

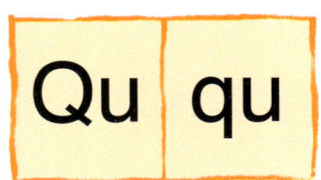

Tina und Tino können jetzt schon gut lesen.

Leon fragt die Kinder:

„Wollen wir in die Bücherei gehen?"

Tina und Tino rufen: „Au, ja! Wir leihen uns Bücher aus!"

Paola jammert: „Ich kann doch noch gar nicht lesen!"

Leon lacht: „Das macht nichts. Für dich ist auch etwas dabei!"

In der Bücherei staunt Tino:

„Toll! Hier gibt es Bücher über das Weltall

und über Aquarien!

Dort sind auch Comics und Quiz-Bücher und …!"

Tina quatscht dazwischen:

„Und hier erst: Pferde-Bücher, Märchen und DVDs!"

Paola geht quer durch den Raum
auf ein Regal zu.
Darin stehen keine Bücher, nur CDs.
„Das sind ja gar keine Bücher!"
Leon antwortet:
„Doch, das sind Hörbücher."
Paola grinst: „So ein Quatsch!
Was soll das denn sein?"

Die Kinder machen es sich auf einem Lesesofa bequem.

Gut, dass neben dem Sofa kleine Tische stehen!

Dort gibt es sogar einen CD-Player.

Damit hört sich Paola eine Geschichte an.

Tino blättert zuerst in einem tollen Tier-Lexikon.

Den Text über die Tiger-Haie findet er total spannend.

Tina liest ein Märchen über eine Nixe.

Alles ist ruhig. Dann fängt Paola an, laut zu quasseln.

Na bitte,
jetzt könnt ihr alle lesen!

Ich bin die kleine Hexe Lexa
und hexe für euch heute extra!

Mix mit dem Quirl im Hexentopf
die Seife für den Hexenzopf.

Lexikon für Experten

Schreibe zu einem dieser Wörter einen Text:
Lexikon – Hörbuch – CD – DVD

99

Ich – Du – Wir

Aus der Türkei

it iti itti,
bit iti itti,
it biti itti.
Bit gitti, it gitti.
itti, bitti, gitti.

Eins, zwei, drei, vier, fünf.
Der Storch hat keine Strümpf.
Der Frosch hat kein Haus,
und du bist raus.

Aus Italien

Il Papa pesa il pepe a Pisa,
Pisa pesa il pepe al Papa.

Aus Japan

Aomakigami
akamakigami
kimakigami

Upps!

Ooo!!!

O
LUFTBALL N
FAL EN
L

Sommer sucht Sprosse

Haifisch sucht ⬚⬚⬚⬚⬚⬚

Flosse

Schild sucht Kröte

Block sucht ⬚⬚⬚⬚

Flöte

Wirbel sucht Sturm

Regen sucht ⬚⬚⬚⬚

Wurm

Luft sucht Ballon

fliegt auf und ⬚⬚⬚⬚⬚

davon

Das Gnu
sagt zur Kuh:
„How do you do?"
Und was sagt die Kuh
zum Gnu?

Muuuh!

*Gerda Anger-Schmidt /
Birgit Antoni*

Mein Vater

Er bindet mir die Schuhe zu,
er spielt mit mir gern blinde Kuh,
er macht mir für mein Kuscheltier
einen Hut aus Glanzpapier,
er nimmt mich in den Arm,
hab ich mir weh getan.

Regina Schwarz

Der Brief

Es kommt von mir,
es geht zu dir.
Es ist kein Mensch,
es ist kein Tier.
Es ist nur dies:
ein Stück Papier.

Ein Stück Papier,
jedoch es spricht.
Es bringt von mir
dir den Bericht:
Ich hab dich lieb,
vergiss mich nicht.

Josef Guggenmos

Ich und du

Nimm's leicht! Nimm mich!
Bin ein Punkt und kein Strich,
bin schön rund, gar nicht schmal,
bin ein Kugelfisch, kein Aal,
bin 'ne Hummel, kein Floh –
doch du magst mich. Gerade so.

Gerda Anger-Schmidt

Paul will auch eine Bande

Zwei Monate wohnt Paul
schon in Dettendorf.
Und er hat immer noch keine Bande.
Dabei wimmelt es hier nur so von Banden.

Die Bande von Max ist immer auf Schatzsuche.
Die Bande von Jo ist so eine Art Räuberbande.
Sie üben Anschleichen und Spionieren,
geheime Verstecke finden und wilde Lieder grölen.
Paul überlegt: Wer kann bei seiner Bande mitmachen?

Boris ist auch neu in Dettendorf.
„Gibt es hier irgendwo eine Bande,
bei der man mitmachen kann?",
fragt Boris.
„Du kannst in meiner Bande mitmachen",
sagt Paul.

„Okay!", sagt Boris.
„Und wer macht sonst noch mit?"
„Nur du und ich!", sagt Paul und grinst.

Boris und Paul üben Anschleichen.
Boris und Paul finden tolle Geheimverstecke.
Aber das Beste passiert eines Abends …

Dagmar Geisler

Herbst

Herbstwind

Erst spielt der Wind nur Fußball
mit Vaters bestem Hut,
dann schüttelt er die Bäume,
die Blätter riechen gut,
und lässt die Drachen leben,
und wringt die Wolken aus.
Der Herbstwind lässt uns beben,
wir gehen nicht nach Haus.

Günter Ullmann

Die Vogelscheuche

Die Vogelscheuche ist beliebt,
weil es dort viel zu fressen gibt.
Die Vögel wissen das sehr gut,
doch braucht man dafür etwas Mut.

Helme Heine

Sankt Martin

Ein armer Mann, ein armer Mann

Text: Rolf Krenzer
Musik: Peter Janssens

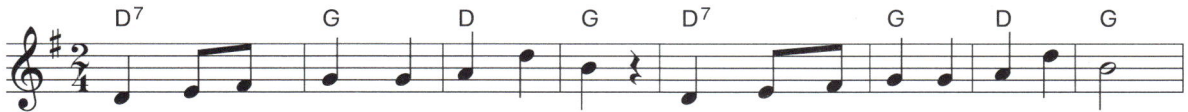

1. Ein ar-mer Mann, ein ar-mer Mann, der klopft an vie-le Tü-ren an.

Er hört kein gu-tes Wort, und je - der schickt ihn fort.

Er hört kein gu-tes Wort, und je-der schickt ihn fort.

2. Ihm ist so kalt. Er friert so sehr.
   Wo kriegt er etwas Warmes her?
   Er hört kein gutes Wort,
   und jeder schickt ihn fort.

3. Da kommt daher ein Reitersmann,
   der hält sogleich sein Pferd an.
   Er sieht den Mann im Schnee
   und fragt: „Was tut dir weh?"

4. Er teilt den Mantel und das Brot
   und hilft dem Mann in seiner Not.
   Er hilft so gut er kann,
   Sankt Martin heißt der Mann.

5. Zum Martinstag steckt jedermann
   leuchtende Laternen an.
   Vergiss den anderen nicht,
   drum brennt das kleine Licht.

Natur entdecken: Tiere

Treffen sich zwei Hunde auf der Straße.
Sagt der eine:
„Hallo, ich heiße **BELLO VOM BELLHOF**!
Hast du auch so einen vornehmen Namen?"
Sagt der andere:
„Klar, ich heiße **RUNTER VOM SOFA**!"

Zwei Mäuse treffen eine Katze.
Die erste Maus fürchtet sich.
Die zweite beginnt zu bellen.
Da läuft die Katze erschrocken davon.
Sagt die zweite zur ersten Maus:
„Tja, Fremdsprachen muss man können!"

Tier-Rondo

Meine Katze Polli.
Sie hat ein ganz weiches Fell.
Meine Katze Polli.
Mit ihr kuschel ich so gern.
Meine Katze Polli.

Aus einem Tierlexikon

Delfine

Delfine gehören zu den Walen und leben in allen Meeren dieser Welt.

Sie können sehr gut hören und sogar miteinander „sprechen": Sie pfeifen, schnattern oder machen Klickgeräusche.

Delfine leben in großen Gruppen. Wenn ein Delfin krank ist, kümmern sich die anderen um ihn. Manche Delfine gehen auch in Gruppen auf Beutejagd.

Haie

Es gibt viele verschiedene Arten von Haien. Katzenhaie sind die kleinsten. Der Walhai wird bis zu 14 Meter lang.

Der Hai hat eine große Rückenflosse und eine große Schwanzflosse. Damit kann er sehr schnell schwimmen, aber nicht schnell bremsen. Dafür ist er sehr wendig und weicht Hindernissen blitzschnell aus.

Der Hai hat mehrere Reihen scharfer Zähne. Damit frisst er Fische und sogar Robben.

Räuber, Ritter und Rabauken

Ein Rätsel für Rabauken

Ich trage einen schlappen Hut
und bin sehr stolz auf meinen Mut.
Mein Bart ist ganz besonders struppig
und mein Geschrei schon ziemlich ruppig.

Im Gürtel trag ich sieben Messer,
und was ich will, gibst du mir besser!
Sicher hat mich keiner lieb,
denn ich bin ein böser Dieb.

Ich reime mich auf Bärenrotz
Mein Name, der ist _____.

Hotzenplotz

Wörterspielabend

Räuberhöhlentanz

Höhlentanzräuber

Räuberhöhlentanz

Tanzräuberhöhlen

Räuberhöhlentanz

Ritterschlosstür

S. 131 Textwerkstatt

Der letzte Drache

Ritter Kunibert lebt allein auf seiner kalten Burg.
Niemand besucht ihn.
Er überlegt: „Ich muss berühmt werden,
dann bekomme ich viel Besuch.
Ich muss gegen einen Drachen kämpfen!"
Also macht er sich auf den Weg.

Plötzlich entdeckt er eine dunkle Höhle.
Davor steht ein Schild: Hier wohnt der letzte Drache!
Kunibert ruft: „Zeig dich, du schreckliches Biest!"

Ganz hinten in der Höhle sitzt der Drache.
Doch der ist ziemlich klein, schrumpelig und zahnlos.
„Du bist kein Drache, du bist ein Wurm!", spottet Kunibert.
Kunibert ist enttäuscht.
Mit so einem Winzling kann man doch nicht kämpfen!
„Ich gehe wohl besser wieder auf meine Burg", sagt er betrübt.

„Du hast eine Burg?", fragt der Drache neugierig.
„Nimm mich doch mit!"
Aber Kunibert sagt: „Was soll ich mit dir anfangen?"
Der Drache zählt auf:
„Ich kann dir ein Kaminfeuer anzünden.
Ich kann auch Spiegeleier braten. Und ich kann … !"

Markus Grolik

Winter

Vier Lichter

Ein Licht sagt uns:
So wartet doch!"
Das zweite sagt:
„Es dauert noch!"

Das dritte flüstert:
„Nicht mehr lang!
Ich hör schon
leise den Gesang."

Das vierte sagt: „Es ist so weit!
Denn nun ist endlich Weihnachtszeit!"

Dein Licht zum Verschenken

Du brauchst:

☆ ein Glas
☆ buntes Transparent-Papier
☆ Fertig-Kleister, einen Pinsel
☆ Zeitungspapier
☆ ein Teelicht

Wie die Menschen feiern

Tina und Tino erzählen

Im Dezember feiern wir das Weihnachtsfest.
Damit erinnern die Christen an die Geburt Jesu.
Wir schmücken einen Weihnachtsbaum.
Dann singen wir Weihnachtslieder,
essen Süßigkeiten und beschenken uns.

Ali erzählt

In der Türkei feiern wir nicht Weihnachten,
weil die meisten Türken keine Christen sind.
Wir sind Muslime. Unsere Religion heißt Islam.
Einmal im Jahr feiern wir das Zuckerfest.
Wir beten, essen Süßes und beschenken uns.
Das Zuckerfest ist jedes Jahr
an einem anderen Tag.

Sarah erzählt

Ich komme aus Israel.
Meine Religion ist das Judentum.
Wir Juden feiern im Dezember das Lichterfest.
Wir haben einen Leuchter mit neun Armen.
Die Kerze in der Mitte wird zuerst angezündet.
Dazu zünden wir jeden Tag eine weitere Kerze an.
Wir singen Gebete, essen leckere Sachen und beschenken uns.

Zeiten und Räume

Schildkröten können über 100 Jahre alt werden.

Eintagsfliegen gerade mal einen Tag.

Lebenszeit   Halbzeit

Winterzeit   Schlafenszeit

Ferienzeit

Tageszeit   Pausenzeit

Wartezeit   Schulzeit

Freizeit   Zeitlupe

Wenn ich dich ansehe, merke ich, wie schnell die Zeit vergeht.

Wenn ich schlafe, merke ich gar nicht, wie die Zeit vergeht.

Tina erzählt: So schnell kann ein Tag vergehen

Am frühen Morgen
Um halb sieben klingelt morgens der Wecker.
Ich muss mich waschen und mir die Zähne putzen.
Ich muss mich anziehen.
Ich möchte in Ruhe mit Mama und Leon frühstücken.

Am Vormittag
Montags habe ich bis 13 Uhr Schule.
Wir lesen in der Fibel.
Wir rechnen neue Aufgaben.
Zum Schluss haben wir noch zwei Stunden Sport.

Mittags und am Nachmittag
? ? ?

Am Abend
Nach dem Abendessen packe ich meine Schultasche.
Dann spiele ich gerne mit Mama und Leon.
Manchmal liest Mama mir auch im Bett etwas vor.
Aber nur, wenn ich mir vorher die Zähne geputzt habe!

Mein schönster Tag

morgens	vormittags	nachmittags	abends

Das bin ich

Weil ich bin

Ich atme ein, ich atme aus,
die Luft geht rein, die Luft geht raus.

Ich gehe vorwärts, Schritt für Schritt,
ein Fuß geht mit dem anderen mit.

Ich denke leise, so für mich:
Weil ich ich bin, bin ich ich.

Helmut Glatz

Wunder des Alltags

Manchmal, da habe ich eine Angst.
Manchmal, da habe ich einen Zorn.
Manchmal, da habe ich eine Wut.

Manchmal, da habe ich keine Freude.
Manchmal, da habe ich kein Vertrauen.
Manchmal, da habe ich keinen Mut.

Aber manchmal,
da kommt plötzlich jemand
und fragt mich: „Komm du, geht's dir nicht gut?"

Hans Manz

S. 132 Textwerkstatt

DAS BIN ICH BIN ICH BIN ICH

Name: Valentino Rossi (Spitzname: Tino)

Geburtstag: am 22. Februar

Aussehen: Ich bin heute 1,24 Meter groß.
Meine Augen sind braun.
Ich habe glatte schwarze Haare.

Meine Hobbys: Am liebsten filme ich mit der Kamera von
meinem Opa. Ich gehe auch gerne ins Museum.
Wenn das Wetter schön ist, fahre ich draußen
mit meinem Fahrrad herum. Später möchte ich
gerne mal ein Mountain-Bike fahren.

Das mag ich:

Ich mag Tierbücher, Schokoladeneis, Comics,
Pizza mit Salami, mit Tina spielen, Polli,
meine Familie und natürlich Urlaub in Italien.
Ich kuschele gerne mit Opa auf dem Sofa.

Das mag ich nicht:

Ich gehe nicht gern zum Zahnarzt.
Manchmal habe ich Angst vor großen Hunden.
Ich werde wütend, wenn Paola mich nervt.
Ich finde es doof, wenn Leute ihren Müll
einfach auf die Straße werfen.

www.freizeit

In deiner Freizeit kannst du
tausend Sachen machen.

Überall findest du etwas zum Lesen:
Bücher – Comics – ???

Es macht auch viel Spaß,
sich zu bewegen: Du kannst
Fußball spielen, rennen, schaukeln,
schwimmen, tanzen, turnen, ???.

Auch wenn es draußen nass ist,
kannst du zusammen mit anderen
viele tolle Spiele spielen:
Kartenspiele, Würfelspiele, ???

Gestern
im Technik-Museum
war es total spannend!

Ich habe
bald meinen ersten
Hip-Hop-Kurs!

Ich spiele
in meiner Freizeit gerne
auf meiner ???.

Kinderspiele aus anderen Ländern

Zieh den Stuhl an – aus Panama*

Die Kinder sitzen im Kreis um zwei Stühle herum.
Jedes Kind legt einen Schuh in die Mitte.
Zwei Kinder bekommen die Augen verbunden.
Bei „Los!" versuchen sie, vier Schuhe zu finden
und sie den Stuhlbeinen anzuziehen.
Dann noch schnell auf den Stuhl setzen!
Gewonnen!

*Panama liegt in Mittelamerika.
Es grenzt an zwei große Ozeane.

Pusteball – von den Philippinen*

*Die Philippinen sind eine Inselgruppe
im Pazifischen Ozean.
Sie besteht aus vielen Tausend Inseln!

Kaipsak – ein Spiel aus Grönland*

Setzt euch in einen Kreis auf einen glatten Boden.
Legt eine leere Flasche in die Mitte.
Ein Kind geht in die Mitte und dreht die Flasche.
Dann rennt es aus dem Kreis heraus
und einmal ganz schnell außen um die anderen herum.
Wer schafft es, bevor die Flasche aufhört, sich zu drehen?

*Grönland liegt
fast am Nordpol!

Frühling

Reimerei im Frühling

Wir freun uns, dass die Sonne lacht,
die Krokusse sind aufgewacht.
Sie blühen lila, gelb und weiß,
sie brechen mit dem Kopf durchs Eis.

Dann leuchten bald die Osterglocken,
sie wollen uns nach draußen locken.
Du wirst es sicher längst schon wissen:
Man nennt sie auch ganz gern Narzissen.

Die Tulpe, die will auch was tun
und nicht mehr in der Zwiebel ruhn.
Der Frühling gibt ihr einen Grund
zu blühn in allen Farben bunt.

Der Winter ist vorbei,
      dem Frühling einen Kuss.
           Und mit der Reimerei
              ist nun auch wirklich Schluss.

Ostereier-Leporello

Mein Os ter gruß

Du brauchst:

- einen Streifen weißes Papier (25 bis 40 cm lang)
- eine Schere, Klebstoff, bunte Filzstifte
- wenn du magst: Schmuckband, kleine Klebebildchen, Lackmalstifte

1. Falte den Papierstreifen an einem Ende etwa 5 cm um.

2. Falte dann den ganzen Streifen im Zickzack.

3. Male nun eine Eierform auf. Schneide sie nur an den hier rot markierten Stellen aus.

4. Nun kannst du das Eier-Leporello auseinanderfalten und nach Lust und Laune bemalen und bekleben.

Zum Muttertag,
zum Muttertag,
sag ich dir, dass ich dich mag,
sag ich dir, dass ich dich
brauch.
Und den Papa auch!

Georg Bydlinski

Für Spürnasen

IM KINO: Emil und die Detektive

„Emil und die Detektive" ist eines der berühmtesten Kinderbücher der Welt.
Erich Kästner hat es vor über 80 Jahren geschrieben.
Das Buch wurde in mehr als 30 Sprachen übersetzt – Sogar ins Japanische!
Zu dem Buch gibt es auch viele Filme:

Emil fährt allein mit dem Zug nach Berlin.
Während der Fahrt wird sein Geld geklaut.
In Berlin trifft Emil eine Kinderbande.
Zusammen mit dieser Bande verfolgt Emil den Dieb.
Dabei erleben die Kinder verrückte Abenteuer.

Am Ende können Emil und die Detektive den Dieb natürlich fassen – das ist doch klar!

vor über 80 Jahren

Emil und die Detektive im Jahr 2001

Detektivin Segugio löst ihren ersten Fall

Einer alten Dame wurde auf einem Dorffest ein Buch gestohlen.
Um 20.07 Uhr trifft Detektivin Segugio ein. Sie befragt nun die Gäste:
„Ich werde herausfinden, wer dieses rote Buch
gestohlen hat! Wo waren Sie alle um 17.23 Uhr?"

Das Sams kichert albern
herum und sagt:
„Ich kann doch gar nicht lesen.
Deshalb klaue ich keine Bücher."
Alle anderen pfeifen und rufen:
„Du hast mit der Dame getanzt!"

Pippi grinst frech und meint:
„Ich habe gerade zehn Kilo
Torte verspeist. Da klaue ich
doch kein Märchenbuch!"
Die anderen fragen Pippi:
„Bist du deshalb so blass?"

Der kleine Vampir krächzt:
„Um diese Uhrzeit war es doch
noch hell. Ich arbeite nur nachts!"
Alle anderen schreien wütend:
„Wer Blut mag, muss böse sein!"

Räuber Hotzenplotz
sagt zuletzt aus:
„Gestern habe ich erst
eine Kaffeemühle geklaut.
Heute ist mein freier Tag."

Bevor die anderen etwas rufen können, brüllt Detektivin Segugio:
„Ruhe jetzt! Ich habe den Fall schon gelöst!"
Die anderen staunen mit offenen Mündern: „Wieso das denn?"

LÖSUNG

NUR DER DIEB KANN WISSEN, DASS ES EIN MÄRCHENBUCH IST

Natur entdecken: Pflanzen

Ob wir ohne Wälder und Wiesen leben könnten?

Diese Wiese hat der Maler Gustav Klimt vor etwa hundert Jahren gemalt.
In jeder Wiese findest du viele Wiesenblumen.
Einige Namen kennst du ganz sicher. Diese Wörter hier helfen dir dabei.

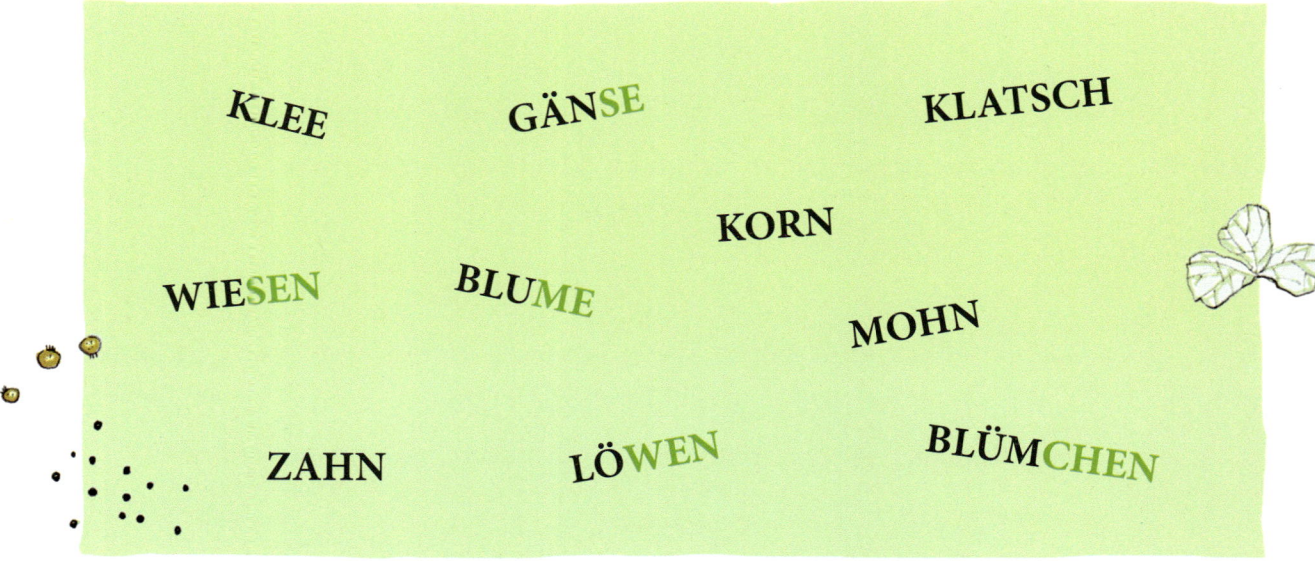

KLEE   GÄNSE   KLATSCH

KORN

WIESEN   BLUME

MOHN

ZAHN   LÖWEN   BLÜMCHEN

Wälder und Wiesen

Wälder und Wiesen sind für Tiere und Menschen lebenswichtig.
Deshalb müssen wir sie gut schützen!

Der Wald

Der Wald ist besonders wichtig für unser Klima. Er gibt ...

- Sauerstoff ab, den Tiere und Menschen zum Atmen brauchen.
- Feuchtigkeit an die Luft ab, die die Pflanzen und der Boden brauchen.
- vielen Tieren einen Lebensraum. ...

Die Wiese

In der Wiese leben Tiere und Pflanzen zusammen wie in einer großen Familie. Die Wiese bietet ...

- kleinen Tieren Schutz im Gras.
- Futter für Bienen und andere Insekten.
- Platz zum Brüten für Vögel. ...

Wie wir leben

Aseye

Mein Name ist Aseye. Ich komme aus Ghana in Afrika.
Wir wohnen dort in der Stadt Accra.
Accra liegt direkt am Meer. Bei uns ist es immer warm.
Mein Vater William arbeitet bei der Regierung.
Meine Mutter Sika ist Lehrerin.
Meine Schwester Fiam ist elf, ich bin sieben Jahre alt.
Mein größter Wunsch ist ein kleines Kätzchen!

Edgar

Ich heiße Edgar und bin acht Jahre alt.
Ich lebe auf der Insel Panay von den Philippinen.
Meine Eltern nenne ich „Papang" und „Mamang".
Meine Brüder heißen Weng-Weng, Edwin und Bap-Bap.
Wenn es bei uns zu laut wird, ruft Mamang manchmal:
„Hätte ich nur vier Mädchen!"
Aber ich passe auch oft auf meine kleinen Brüder auf
und helfe Mama in der Küche.
Dann lacht sie und sagt:
„Euch würde ich niemals eintauschen!"

Meena

Ich bin sieben Jahre alt und heiße Meena.
Weil es auf dem Land keine Arbeit für Papa gab,
mussten wir nach Neu-Delhi ziehen.
Das ist die Hauptstadt von Indien. Jetzt arbeitet er
auf einer Baustelle direkt neben unserem Haus.
Puh, ist das laut!
Meine kleinen Brüder heißen Rewal und Sonu.
Meine große Schwester heißt Suman.

Für jeden die Hälfte

Jan und Felix fahren mit ihren Eltern ins Grüne.
Auf einer Wiese am gluckernden Bach machen sie Picknick.

Es gibt lauter gute Sachen:
Kartoffelsalat, Hähnchenbeine, Obst, Käsebrote und Limonade.
Und zum Nachtisch Hefeschnecken mit Zuckerguss!

Eine Hefeschnecke bleibt übrig. „Wer will die haben?", fragt Mama.
„Ich!", ruft Felix. „Nein, ich!", ruft Jan.
„Teilt sie euch!", sagt Mama. „Für jeden die Hälfte."
„Immer teilen", knurrt Felix. „Immer bloß die Hälfte", murrt Jan.

Nach dem Essen sagt Papa: „Mama und ich machen jetzt
einen kleinen Spaziergang. Der Rest der Familie räumt auf!"

„Ich nicht!", ruft Felix.
„Ich auch nicht!", ruft Jan.
„Oh doch", sagt Papa, „ihr alle beide!"
Jan und Felix gucken sich an.
Papa meint es ernst!

„Also los", knurrt Felix.
„Von mir aus", murrt Jan.
Dann machen sie sich an die Arbeit.

Nachher sitzen beide am Bach
und halten ihre Füße ins Wasser.
Felix schubst Jan mit dem Ellenbogen.
„Hefeschnecken teilen ist blöd.
Aber Aufräumen teilen ist super!"
Jan grinst. Felix auch.

Ingrid Uebe

Sommer

Ich heiße Moses. Ihr kennt mich schon von Seite 92.
Dieses Jahr haben wir in Kamerun Urlaub gemacht!
Jeden Abend habe ich in mein Tagebuch geschrieben.

Aus meinem Urlaubstagebuch

Morgens haben wir uns von meiner Ur-Omi verabschiedet.
Dann sind wir endlich ans Meer gefahren!
Auf dem Weg nach Limbe stehen Kokosnuss-Palmen
am Straßenrand.
Außerdem gibt es Urwälder, Palmenwälder und Kinder,
die uns Mangos und Bananen verkaufen wollen.

Wir sind endlich in Limbe angekommen.
Limbe ist eine Stadt
am Fuße des Mount Kamerun.
Das ist ein Berg, der noch Lava spuckt.
Im Wasser liegen Steine von der Lava.

Unser Hotel liegt am Meer
und hat einen Swimmingpool.
Der Strand ist vom Vulkan ganz dunkel.
Hinter dem Strand fließt ein Bach
mit ganz kaltem Wasser.

Die Flaschenpost

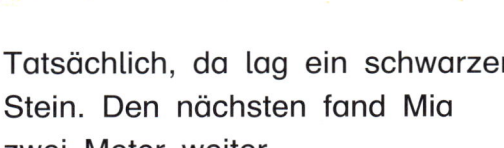

Mia fand den Strandurlaub total langweilig. Keiner spielte mit ihr.

Also hockte Mia nur da,
bohrte die Zehen in den Sand,
starrte aufs Meer hinaus.

Eine leere Flasche Sonnencreme
schwamm auf dem Wasser, eine
Sandale und, etwas weiter weg,
eine grüne Flasche.
Etwas steckte da drin, etwas Weißes.
Eine Flaschenpost!

Schnell lief Mia ins Meer und
fischte sie aus dem Wasser.
Ja, da steckte ein Stück Papier drin.
Und es war auch etwas
draufgeschrieben.

*Wer dies Geheimnis löst,
kriegt einen Schatz.
Folge den fünf schwarzen
Steinen und finde das,
was blaue Punkte hat.*

Mia stand auf und schlenderte
suchend am Wasser entlang.

Tatsächlich, da lag ein schwarzer
Stein. Den nächsten fand Mia
zwei Meter weiter.
Der dritte lag ein ganzes Stück
weiter, und der vierte schmückte
die Spitze einer Sandburg.
Mia nahm ihn in die Hand und
sah sich um.

Wo war der fünfte Stein?
Da lag er! Neben einer Fünf aus
kleinen Muscheln.
Jetzt fehlte nur noch etwas mit
blauen Punkten.

Hinter Mia kicherte jemand.
Mia drehte sich um.
Ein Mädchen grinste sie an.
„Hallo", sagte es. „Ich bin Etta."
Ettas Badeanzug hatte
mindestens tausend blaue Punkte.

Den Rest der Ferien
verschickten Mia und Etta
gemeinsam Flaschenpost-Briefe.

Cornelia Funke

127

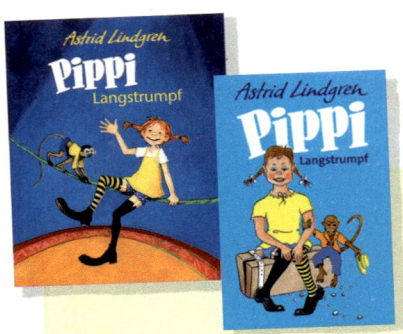

Ich liebe Bücher

Tina besucht heute ihre Oma. Tino ist auch dabei.
Oma holt ein Buch aus dem Regal und sagt:
„Das war mein Lieblingsbuch, als ich zur Schule ging."

Tino kann es kaum glauben: „Das ist ja Pippi Langstrumpf!
Ich habe auch ein Pippi-Buch. Aber das hier sieht ja ganz alt aus!"
Oma lacht: „Pippi-Bücher sind schon seit über 50 Jahren Lieblingsbücher."
Dann lesen sie gemeinsam folgende Geschichte:

Pippi bekommt Besuch

In der kleinen Stadt hatte sich herumgesprochen,
dass ein kleines Mädchen ganz allein in die Villa Kunterbunt eingezogen ist.
Die Erwachsenen waren deshalb sehr besorgt und beschlossen,
dass Pippi in ein Kinderheim gehen soll.

Als Pippi mit Annika und Thomas auf der Veranda Pfefferkuchen aß,
kamen zwei Polizisten zur Villa Kunterbunt,
um sie zu holen …

„Wie schön ist es doch zu leben", sagte Pippi
und streckte ihre Beine weit von sich.
In dem Augenblick kamen zwei Polizisten
in voller Uniform durch die Gartentür.

„Oh", sagte Pippi,
„ich muss heute wieder einen Glückstag haben.
Polizisten sind das Beste, was ich kenne –
gleich nach Rhabarbergrütze."

Sie ging den Polizisten entgegen und strahlte
vor Entzücken über das ganze Gesicht.

„Bist du das Mädchen,
das in die Villa Kunterbunt eingezogen ist?",
fragte einer der Polizisten.
„Im Gegenteil", sagte Pippi.
„Ich bin eine ganz kleine Tante,
die in der dritten Etage
am anderen Ende der Stadt wohnt."

Pippi sagte das nur, weil sie einen Spaß machen wollte.
Aber die Polizisten fanden das durchaus nicht lustig.
Sie sagten, Pippi solle nicht versuchen,
Witze zu machen.

Und dann erzählten sie,
gute Menschen in der Stadt hätten dafür gesorgt,
dass Pippi einen Platz im Kinderheim bekäme.

„Ich hab schon einen Platz in einem Kinderheim", sagte Pippi.
„Was sagst du, ist das schon geregelt?",
fragte der eine Polizist. „Wo ist das Kinderheim?"

„Hier", sagte Pippi stolz.
„Ich bin ein Kind, und das hier ist mein Heim,
also ist es ein Kinderheim.
Und Platz habe ich hier. Reichlich Platz."

Astrid Lindgren

Seite **100** **Ich – Du – Wir**

Lies Tinos Zungenbrecher. Lies ihn immer schneller.
Und das bedeutet er auf Deutsch:

> Der Papst wiegt den Pfeffer in Pisa,
> Pisa wiegt den Pfeffer für den Papst.

Kennst du auch einen deutschen Zungenbrecher?
Lerne einen Zungenbrecher auswendig.

Seite **101** **Das Gnu**

Finde heraus und schreibe auf:

1. Was ist ein Gnu?
2. Welche Sprache spricht das Gnu?
3. Was heißt „How do you do?"

Seite **103** **Paul will auch eine Bande**

Stell dir vor, Boris und Paul finden auch einen Schatz.
Wie könnte die Geschichte dann weitergehen?
Erzähle oder schreibe es auf und lies es der Klasse vor.

Seite **106** **Tier-Rondo**

Schreibe selbst ein Tier-Rondo:

1. Zeile:	Ein kleiner Hamster.
2. Zeile:	???
3. Zeile:	Ein kleiner Hamster.
4. Zeile:	???
5. Zeile:	Ein kleiner Hamster.

Seite 108 **Wörterspielabend**

Sieh dir das Wörterspiel auf Seite 108 genau an.

Versuche es nun mit Tinas Wort:

Achtung: Am Anfang schreibst du jedes Wort groß!

1. Zeile:	Ritterschlosstür
2. Zeile:	? ? ?
3. Zeile:	Ritterschlosstür
4. Zeile:	? ? ?
5. Zeile:	Ritterschlosstür

Seite 111 **Wie die Menschen feiern**

Tina, Tino, Ali und Sarah erzählen von verschiedenen Festen.
Wähle ein Fest aus. Finde heraus, warum es gefeiert wird.
Frage deine Eltern, lies im Kinderlexikon nach oder surfe
im Internet.

Seite 112 **Zeiten und Räume**

Wann vergeht für dich die Zeit besonders schnell?
Wann vergeht sie besonders langsam?

Die Zeit vergeht schnell, ...	Die Zeit vergeht langsam, ...
wenn ich ...	wenn ich ...

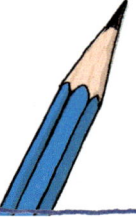

Lies deine Aussagen einem Partnerkind vor.
Vergleicht eure Aussagen und erzählt etwas dazu.

Seite 114

Weil ich bin

Jeder Mensch ist anders als die anderen. Und das ist gut so.
Sonst wäre es ja langweilig!
Male auf ein Blatt Papier ein Bild von dir oder klebe ein Foto
darauf. Schreibe darunter, was du an dir besonders magst.

Stelle deinen Text anderen Kindern vor.

Seite 114

Wunder des Alltags

Jeder Mensch kennt auch verschiedene Gefühle.
Mit Instrumenten könnt ihr Geräusche zu Gefühlen machen:
Probiert gemeinsam:

Mit welchen Instrumenten könnt ihr
Wut, Freude oder Aufregung ausdrücken?

Versucht dabei auch, die Instrumente mal lauter und leiser,
mal schneller und langsamer zu spielen.

Seite 117

Kinderspiele aus anderen Ländern

Was ist dein Lieblingsspiel?
Erzähle in der Klasse, wie es gespielt wird.

Überlege vorher:

- Wie viele Kinder können mitspielen?
- Spielt man es draußen oder drinnen?
- Was braucht man für dieses Spiel?

Seite **120** **IM KINO: Emil und die Detektive**

Hier seht ihr ganz alte und neue Emil-Bilder.
Welche Unterschiede könnt ihr entdecken?

Welchen Kinofilm magst du besonders gern?
Erzähle einem Partnerkind die Geschichte dieses Filmes.

Seite **121** **Detektivin Segugio löst ihren ersten Fall**

Denkt euch noch andere Gäste auf dem Dorffest aus.
Was könnten sie Detektivin Segugio erzählen?

Spielt dann diesen Text als Rollenspiel.
Überlegt gemeinsam, voran ihr vorher denken müsst.

Segugio ist ein italienisches Wort.
Findet heraus, was es auf Deutsch bedeutet.

Die Diebin

Seite **122** **Natur entdecken: Pflanzen**

Baue lustige Wörter mit den Wörtern aus dem grünen Feld.
Male dann ein passendes Bild darunter.

KLATSCHLÖWEN   GÄNSEKORN   WIESENZAHN

Seite **124** **Wie wir leben**

Lest einen der drei Texte mit einem Partnerkind. Findet heraus:

- Wie heißt die Schwester von Aseye aus Ghana?
- Wie nennt Edgar von der Insel Panay seine Eltern?
- Warum ist es in Meenas Haus in Indien so laut?

Textwerkstatt   133

Inhaltsverzeichnis

Zur Differenzierung
- Alle Texte, die mit diesem Jo-Jo 🟡 gekennzeichnet sind
- Alle Texte, die auf einem gesonderten Zettel gedruckt stehen
- Alle Kapiteleinstiegs- und Kapitelabschlussseiten
- Textanteile in anderen Schrifttypen

⇨ **auf den Kapiteleinstiegsseiten**
Passende Buchtitel auf Seite 97 suchen

Legende
B/E: Basteln/Experimentieren
KB: Kinderbuchauszug
G: Gedicht
L: Lied

I: Information
S: Spiel
K: Kunstwerk
Sp: Sprachspiel

Jo-Jo

Fibel

Ein Leselehrgang von Nicole Namour

Neubearbeitung auf der Basis der Ausgabe 2008

Unter Beratung von — Michaela Böttcher, Stuttgart – Sandra Krauß, Ostfildern – Ulla Radau, Hamm – Günter J. Renk, Waldshut-Tiengen – Nina Tholen, Oldenburg – Daniele Wagener, Melle – Jutta Wagner, Wangen im Allgäu

Redaktion — Monika Gade, Nicole Namour
Illustrationen — Thorsten Saleina (Umschlag und Innenteil); Sharmila Banerjee (Innenteil)
Gesamtgestaltung — Heike Börner, Berlin
Technische Umsetzung — Lernsatz.de
Notensatz — Kontrapunkt Satzstudio, Bautzen
Bildredaktion — Peter Hartmann

Text- und Liedquellen

66 Gerda Anger-Schmidt: Die Elefanten … . (gek.: Was machen die Tiere am Feiertag?). Aus: Sei nicht sauer, meine Süße! Patmos Verlag GmbH & Co. KG Sauerländer, Düsseldorf 2009. **71 Günther Kretschmar** (T./M.): Was macht das Wetter im Lirpa? © Möseler Verlag, Wolfenbüttel. **83 Josef Guggenmos:** Der Löwenzahn. Aus: Groß ist die Welt. Die schönsten Gedichte. Beltz & Gelberg in der Verlagsgruppe Beltz, Weinheim & Basel 2006. **84 Karl Heinrich Waggerl:** Die Distel. Aus: Heiteres Herbarium. Otto Müller Verlag, Salzburg. **87 Regina Schwarz:** Meine Schwester und ich (gek.). Aus: Hans-Joachim Gelberg (Hrsg.): Überall und neben dir. Beltz & Gelberg in der Verlagsgruppe Beltz, Weinheim & Basel 1986, 1989. **92 Angela Sommer-Bodenburg:** Wenn meine Eltern sich streiten. Aus: Ich lieb dich trotzdem immer. Gedichte von Angela Sommer-Bodenburg. dtv, München 2000. **93 (+ 97) Rudolf Herfurtner / Oliver Wenniges** (Ill.): Der wasserdichte Willibald (Cover und Textauszug). © dtv junior, Deutscher Taschenbuch Verlag, München 2002. **100 Japanischer Zungenbrecher.** Aus: Gerri Zotter (Hrsg.): Das Sprachbastelbuch. Jugend und Volk Verlagsgesellschaft m.b.H., Wien – München 1975. **101 Gerda Anger-Schmidt / Birgit Antoni** (Ill.): Sommer sucht … (gek.) / Das Gnu. Aus: Sei nicht sauer, meine Süße! a. a. O. **102 Regina Schwarz:** Mein Vater. Aus: Hans-Joachim Gelberg (Hrsg.): Überall und neben dir. a. a. O. – **Gerda Anger-Schmidt:** Ich und du. Aus: Sei nicht sauer, meine Süße! a. a. O. – **Josef Guggenmos:** Der Brief. Aus: Was denkt die Maus am Donnerstag? Beltz & Gelberg in der Verlagsgruppe Beltz, Weinheim & Basel. **103 Dagmar Geisler** (T./Ill.): Paul will auch eine Bande (Textauszug). Verlag Friedrich Oetinger GmbH, Hamburg 2007. **104 Günter Ullmann:** Herbstwind. Aus: Hans-Joachim Gelberg (Hrsg.): Überall und neben dir. a. a. O. – **Helme Heine** (T./Ill.): Die Vogelscheuche. Aus: Gruß und Kuss. Middelhauve Verlag, Köln 1988. **105 Rolf Krenzer** (T.) / **Peter Janssens** (M.): Ein armer Mann, ein armer Mann (gek.). Aus: Kommt alle und seid froh. Alle Rechte: Peter Janssens Musik Verlag, 48291 Telgte 1982. **109 Markus Grolik:** Der letzte Drache (Textauszug). Aus: Kleine Rittergeschichten. Verlag arsEdition. Reihe Känguru, München 2001. **112 Antje Damm** (T./Fotos): Schildkröte/Eintagsfliege. Aus: Alle Zeit der Welt. Moritz Verlag, Frankfurt a. M. 2007. **114 Helmut Glatz:** Weil ich bin. / **Hans Manz:** Wunder des Alltags. Aus: Hans-Joachim Gelberg (Hrsg.): Überall und neben dir. a. a. O. **119 Georg Bydlinski:** Zum Muttertag. Aus: Die bunte Brücke. Herder Verlag, Basel/Freiburg/Wien 1992. **125 Ingrid Uebe / Irmgard Paule** (Ill.): Für jeden die Hälfte (gek.). Aus: Geschwistergeschichten. Loewe Verlag GmbH, Bindlach 2003. **126 Moses Pölking. 127 Cornelia Funke / Karin Schliehe & Bernhard Mark** (Ill.): Die Flaschenpost (gekürzter Auszug + Abb.). Aus: Strandgeschichten. Reihe Leselöwen. Veränderte Neuauflage. Loewe Verlag, Bindlach 2007. **128/129 Astrid Lindgren / Katrin Engelking** (Ill.): Pippi bekommt Besuch (Texauszug + Abb.). Aus: Pippi Langstrumpf. Deutsche Übersetzung von Cäcilie Heinig. Alle Rechte für die deutsprachige Ausgabe: Verlag Friedrich Oetinger GmbH, Hamburg 2007.

Die Texte zu den Kapiteleinstiegsseiten sind Originalbeiträge oder frei nach den Originaltexten erzählt.

Bildquellen

4/5 (+ 97) Abb. oben aus: Antonia Michaelis (T.) / Betina Gotzen-Beek (Ill.): Max und das Murks. Reihe: Sonne, Mond und Sterne. Verlag Friedrich Oetinger GmbH, Hamburg 2010. **17 (+ 97)** Abb. Samenkörner. Aus: Eric Carle: Nur ein kleines Samenkorn. Gerstenberg Verlag, Hildesheim 2001. – Meer: pixelio.de/Gregor B. / Wüste: pixelio.de/A. Grübner / Acker: Bildmaschine.de/Wodicka. **19** Eichhörnchen: Aus: Susanne Riha: Das kleine Eichhörnchen. Annette Betz Verlag im Verlag Carl Ueberreuter, Wien/München 1990. **23 (+ 97)** Abb. unten aus: Caroline Heens: Mein Hund Oskar – Ausgabe 2010. © (Deutsche Ausgabe) Carl Hanser, München/Wien 2002. **26** Cornelsen Verlagsarchiv. **31 (+ 97)** Aus: Antje Damm. Räuberkinder. Gerstenberg, Hildesheim 2008. **32** Räuber (Ausschnitt) aus: Tomi Ungerer: Die drei Räuber. Diogenes Verlag AG, Zürich 1963. Räuberkinder aus: Antje Damm: a. a. O. **34/35 (+ 97)** Aus: Oliver Wenniges: Der Sonnenhocker. Verlag Heinrich Ellermann, Hamburg 2001. **37 (+ 97)** Aus: Astrid Lindgren / Lars Klinting (Ill.): Weihnachten im Stall. Oetinger Verlag, Hamburg 2002. **44** Hasen: Cornelsen Verlag / Corel Library – Winterfeld: pixelio.de – Eichhörnchen: Juniors Bildarchiv – Rodeln: Bilder wie Worte/Werner. **45 (+ 97)** Aus: Arnold Lobel (Ill.): Das große Buch von Frosch und Kröte (neu erzählt von Tilde Michels). Deutscher Taschenbuch Verlag, dtv junior, München 2000. **48/49** Cornelsen Verlagsarchiv. **53 (+ 97)** Abb. oben / Schriftzug. Aus: Dr. Seuss / Steve Johnson und Lou Fancher (Ill.): Jeder Tag hat eine Farbe. © für die deutschsprachige Ausgabe: C. Bertelsmann Jugendbuchverlag, ein Unternehmen der Verlagsgruppe Random House GmbH, München 1997. **61 (+ 97)** Aus: Heinz Janisch / Søren Jessen (Ill.): JUMBOJET. Bajazzo, Zürich 2009. **65** Archimboldo: akg-images. **67 (+ 97)** Abb. aus: Marjaleena Lembcke / Verena Hochleitner (Ill.): Hasenlenz. Residenz, Salzburg 2010. **69** Krokusse: Harzlandreise / Thomas Breuer. – Tulpen: Hunzikerfoto (CH) – Narzissen: Thomas Klotz. **72** Profilfoto Marek Lange. **73 (+ 97)** Abb. (Ausschnitt) aus: Sabine Jörg / Mechthild Weiling-Bäcker (Ill.): Detektivgeschichten. Reihe: Der Bücherbär. Arena, Würzburg 2009. **74/75** Nicole Namour. **75** oben: Jacqueline Carranza. **77** l. o.: wikipedia/CC/Hedwig Storch – r. o.: Wikipedia/CC/Olei – l. u.: wikipedia/GNU/Aka@de – r. u.: wikipedia/CC/Steve Childs, Lancaster (UK). **79 (+ 97)** Abb. aus: Binette Schroeder: Ritter Rüstig und Ritter Rostig. NordSüdVerlag, Zürich 2009. **82** Bärenohr/Wiesenknopf: Cornelsen Verlagsarchiv. – Käsepappel: digital-nature.de/Jörg Riedel. **85 (+ 97)** Abb. aus: Hamilton, Richard / Babette Cole (Ill.): Wenn ich du wäre. Patmos Verlag GmbH & Co. KG Sauerländer, Düsseldorf 2009. **92** Moses: Frank Pölking. – Zwillinge: Rob & SAS – Familie. Corbis/Creasource. **96** Wikimedia/GNU/Greece Board of Tourism. **97** Buchcover zu den Abb. auf den Seiten 4/5, 17, 23, 31, 37, 45, 53, 61, 67, 73, 79, 85, 93 – Paul Maar / Ute Krause (Ill.): JAguar und NEINguar. Oetinger, Hamburg 2007. **105** epd-bild/Andrea Enderlein. **107** Delfine: Juniors Bildarchiv – Haie: picture-alliance/dpa/Jaako Avikainen/Lehtikuva OY. **110** Anbetung: Gallery London/Wikipedia/GNU/Zenodot – Teelichte: Profilfoto Marek Lange. **111** Weihnachten: picture-alliance/Okapia/Erich Geduldig – Moschee: Sebastian Niedlich, Berlin – Menorah: alamy/Eddie Gerald. **114** Deutsches Komitee für UNICEF, Köln (Hyou Vielz). **116** Saurier: Elke Möllmann/Museum für Naturkunde, Dortmund. – Skaten: projectphotos/Reinhard Eisele. – Concorde: Technik Museum Sinsheim und Speyer/Pressebild. **118** Tulpe: Hunzikerfoto (CH) – Narzisse: Thomas Klotz – Krokus: Harzlandreise/Thomas Breuer. **120** Alle Fotos: Cinetext Bildarchiv, Frankfurt a. m. **122** The Bridgeman Art Library, London/Berlin. **124** Mit freundlicher Genehmigung von Dorling Kindersley Ltd., 2007. **126** Mitte/oben: Frank Pölking. Unten: Wikipedia/GNU/Amcaja.

www.cornelsen.de

1. Auflage, 10. Druck 2022

Alle Drucke dieser Auflage sind inhaltlich unverändert und können im Unterricht nebeneinander verwendet werden.

© 2011 Cornelsen Verlag, Berlin
© 2017 Cornelsen Verlag GmbH, Berlin

Druck: Mohn Media Mohndruck, Gütersloh

ISBN 978-3-06-082987-3

Oma Tina Leon Mama Pipo